Tratado sobre a bem-aventurança

Dados Internacionais de Catalogação na Publicação (CIP)
(Câmara Brasileira do Livro, SP, Brasil)

Aquino, Tomás de, 1225-1274
  Tratado sobre a bem-aventurança / Tomás de Aquino ; tradução de Felipe Augusto Neves Silva. – Petrópolis : Vozes, 2024. – (Coleção Vozes de Bolso)

Título original: Summa theologiae I-II, questiones 1 a 5.
ISBN 978-85-326-6961-2

1. Bem-aventuranças 2. Felicidade (Filosofia)
3. Filosofia e religião 4. Tratados I. Título. II. Série.

24-218829   CDD-200.1

Índices para catálogo sistemático:
1. Filosofia e religião 200.1

Tábata Alves da Silva – Bibliotecária – CRB-8/9253

Santo Tomás de Aquino

Tratado sobre a bem-aventurança

Tradução de Felipe Augusto Neves Silva

Vozes de Bolso

Tradução do original em latim intitulado *Summa theologiae I-II, questiones 1 a 5.*

© desta tradução:
2024, Editora Vozes Ltda.
Rua Frei Luís, 100
25689-900 Petrópolis, RJ
www.vozes.com.br
Brasil

Todos os direitos reservados. Nenhuma parte desta obra poderá ser reproduzida ou transmitida por qualquer forma e/ou quaisquer meios (eletrônico ou mecânico, incluindo fotocópia e gravação) ou arquivada em qualquer sistema ou banco de dados sem permissão escrita da editora.

CONSELHO EDITORIAL

Diretor
Volney J. Berkenbrock

Editores
Aline dos Santos Carneiro
Edrian Josué Pasini
Marilac Loraine Oleniki
Welder Lancieri Marchini

Conselheiros
Elói Dionísio Piva
Francisco Morás
Gilberto Gonçalves Garcia
Ludovico Garmus
Teobaldo Heidemann

Secretário executivo
Leonardo A.R.T. dos Santos

PRODUÇÃO EDITORIAL

Aline L.R. de Barros
Marcelo Telles
Mirela de Oliveira
Natália França
Otaviano M. Cunha
Priscilla A.F. Alves
Rafael de Oliveira
Samuel Rezende
Vanessa Luz
Verônica M. Guedes

Diagramação: Editora Vozes
Revisão gráfica: Nilton Braz da Rocha
Capa: Editora Vozes

ISBN 978-85-326-6961-2

Este livro foi composto e impresso pela Editora Vozes Ltda.

Sumário

Prólogo 9

O propósito final da vida humana **11**

Pertence ao ser humano agir por conta
de uma finalidade? 12

Agir por conta de uma finalidade é próprio
da natureza racional?. 14

Os atos do ser humano adquirem sua
espécie por sua finalidade? 18

Há algum propósito final da vida humana?. . 21

Um único ser humano pode ter vários
propósitos finais?. 24

O ser humano ordena tudo para o
propósito final? 28

Todos os seres humanos possuem o
mesmo propósito final?. 30

Todas as outras criaturas convergem para
aquele propósito final do ser humano? 32

Em que consiste a bem-aventurança **35**

A bem-aventurança consiste na riqueza?. 36

A bem-aventurança consiste em honra? 39

A bem-aventurança consiste em fama
ou glória?. 41

A bem-aventurança consiste em poder? 44

A bem-aventurança consiste em algum
bem do corpo?. 48

A bem-aventurança consiste em prazer?. 51

A bem-aventurança consiste em algum
bem da alma?. 55

A bem-aventurança consiste em algum
bem criado?. 59

O que é a bem-aventurança **63**

A bem-aventurança é algo incriado?. 64

Se for algo criado, a bem-aventurança é uma
operação?. 66

A bem-aventurança é uma operação da
parte sensível ou apenas da intelectual? 71

Se for uma operação da parte intelectual,
trata-se de uma operação do intelecto
ou da vontade?. 73

Se for uma operação do intelecto,
trata-se de uma operação do intelecto
especulativo ou prático? 78

Se for uma operação do intelecto especulativo,
a bem-aventurança consiste na especulação
das ciências especulativas? 81

A bem-aventurança consiste na especulação
das substâncias separadas, ou seja, dos anjos?. . 85

A bem-aventurança consiste na pura
contemplação de Deus, pela qual Ele
é visto em sua essência?. 88

O que é requerido para a bem-aventurança ... 91

O deleite é requerido para a bem-aventurança? 91

O que é mais fundamental na
bem-aventurança, o deleite ou a visão?...... 94

A compreensão é requerida para a
bem-aventurança? 96

A retidão da vontade é requerida para a
bem-aventurança? 99

O corpo é necessário para a
bem-aventurança do ser humano?........ 102

A perfeição do corpo é requerida para a
bem-aventurança? 108

Algum bem exterior é requerido para a
bem-aventurança? 111

É requerido um agrupamento de amigos
para a bem-aventurança?................ 114

A aquisição da bem-aventurança........... 117

O ser humano pode alcançar a
bem-aventurança? 118

Pode uma pessoa ser mais bem-aventurada
do que outra?........................ 120

Pode alguém ser bem-aventurado nesta vida?
.... 123

A bem-aventurança obtida pode ser perdida?.126

O ser humano pode conquistar a
bem-aventurança por meio de
seus dons naturais? 130

O ser humano alcança a bem-aventurança por
meio da ação de alguma criatura superior? . 133

Algumas obras boas do ser humano são
requeridas para que ele consiga de Deus
a bem-aventurança?.................... 136

Todo ser humano deseja a bem-aventurança? . 140

Prólogo

Como se considera que o homem foi feito à imagem de Deus, conforme diz João Damasceno, na medida em que pela imagem se quer indicar o intelecto, o livre-arbítrio e a força própria, depois que dissemos sobre o exemplar, ou seja, Deus, e sobre aquilo que sobreveio do poder divino segundo a sua vontade, resta considerarmos a sua imagem, ou seja, o ser humano, na medida em que ele mesmo também é o princípio de suas obras, tendo livre-arbítrio e o controle de suas ações.

Prólogo

O propósito final da vida humana

Primeiramente, é necessário considerar o propósito final da vida humana; e depois, as coisas pelas quais o homem pode alcançar esse fim ou desviar-se dele, pois é necessário entender as razões daquilo que é ordenado para o fim a partir do próprio fim. E, como se considera que o propósito final da vida humana é a bem-aventurança, é necessário primeiro considerar o propósito final em geral e, depois, a bem-aventurança.

Sobre o primeiro ponto, levantam-se oito questionamentos.

- Primeiro: Pertence ao ser humano agir por conta de uma finalidade?
- Segundo: Isso é próprio da natureza racional?
- Terceiro: Os atos do ser humano adquirem sua espécie por sua finalidade?
- Quarto: Há algum propósito final da vida humana?
- Quinto: Um único ser humano pode ter vários propósitos finais?
- Sexto: O ser humano ordena tudo para o propósito final?
- Sétimo: Todos os seres humanos possuem o mesmo propósito final?
- Oitavo: Todas as outras criaturas convergem para aquele propósito final do ser humano?

Pertence ao ser humano agir por conta de uma finalidade?

Progredimos para o primeiro questionamento. Pode parecer que não se relaciona com o ser humano agir por causa do fim, pois a causa é naturalmente anterior, mas o fim – como o próprio nome indica – tem algo de último. O fim, portanto, não é a causa, mas o ser humano age em razão dele, que é a causa dos atos, sendo que a expressão "em razão de" designa uma relação de causa. Não se relaciona, pois, com o ser humano agir por causa do fim.

Além disso, aquilo que é o propósito final não se dá por causa do fim, mas, em alguns casos, as ações são o propósito final, como fica claro pelo que afirma o Filósofo no primeiro livro da *Ética a Nicômaco*. O ser humano, portanto, não faz tudo em razão do propósito final.

Além do mais, vê-se então que o ser humano age pelo fim quando age deliberadamente, mas o ser humano pratica muitas ações sem deliberação, sobre as quais, às vezes, nem mesmo reflete, assim como alguém que move o pé ou a mão ou coça a barba concentrado em algo. O ser humano, portanto, não faz tudo em razão do propósito final.

Por outro lado, tudo o que é de algum gênero é derivado do princípio desse gênero, mas o propósito final é o princípio nas ações do ser humano, como fica claro pelo que afirma o Filósofo na *Física*. Relaciona-se, pois, com o ser humano fazer tudo em razão do propósito final.

Digo em resposta que, entre as ações do ser humano, apenas são ditas "humanas" aquelas que são próprias do ser humano na medida em que é humano; contudo o ser humano se diferencia das criaturas irracionais no fato de ser senhor de seus próprios atos. A partir disso, somente são chamadas de "humanas" aquelas ações das quais o ser humano é senhor. De fato, o ser humano é senhor de seus próprios atos por razão e vontade, a partir do que se diz que o livre-arbítrio é a faculdade da vontade e da razão. São, pois, ditas "humanas" aquelas ações que são derivadas de vontade deliberada. Se, porém, outras ações relacionam-se com o ser humano, essas podem, por sua vez, serem ditas "do ser humano", mas não propriamente humanas, já que não são do ser humano enquanto ser humano. Está claro, ainda, que todas as ações derivadas de alguma potência são causadas por essa potência de acordo com a razão de seu objeto; e o objeto da vontade é o propósito final e o bem, do que se entende que é oportuno que todas as ações humanas se deem em razão do propósito final.

Quanto à primeira objeção, deve-se dizer que o propósito final, ainda que seja o último na execução, é o primeiro na intenção de quem age. Desse modo, tem aspecto de causa.

Quanto à segunda objeção, deve-se dizer que, se alguma ação humana for o propósito final, é oportuno que seja voluntária; senão não seria humana, como já se disse. Uma ação pode ser voluntária de duas maneiras: se for comandada pela vontade, como andar ou falar; ou se for produzida pela vontade, como o próprio ato de querer. É impossível, porém, que o próprio ato produzido pela vontade seja o propósito final, pois o objeto da vontade é a finalidade, assim como o objeto da visão é a cor, a partir do que é impossível que algo primeiramente visível seja o próprio ato de ver, porque todo ato de ver é de algum objeto visível, e, do mesmo modo, é impossível que algo primeiramente desejável – o que é a finalidade – seja o próprio ato de querer. Com isso, resta que, se alguma ação humana é o propósito final, ela mesma é comandada pela vontade. Assim, em qualquer ação humana, ao menos o próprio ato de querer é em razão da finalidade; portanto, faça o que fizer o ser humano, é válido dizer que ele age para uma finalidade, mesmo quando realiza uma ação que é o propósito final.

Quanto à terceira objeção, deve-se dizer que ações desse tipo não são propriamente humanas, porque não são derivadas da deliberação da razão, a qual é o princípio próprio dos atos humanos; portanto, elas têm uma finalidade concebida, mas não designada pela razão.

Agir por conta de uma finalidade é próprio da natureza racional?

Progredimos para o segundo questionamento. Pode parecer que agir por conta de uma finalidade é próprio da natureza racional, pois o ser humano – de quem é próprio agir por causa de um fim – nunca age em razão de uma finalidade desconhecida, todavia há muitos que não conhecem um fim, seja porque careçam totalmente de conhecimento, como as criaturas insensíveis, seja porque não apreendam a ideia do fim, como os animais irracionais. Parece, portanto, que é próprio da natureza racional agir por conta de uma finalidade.

Além disso, agir por conta de uma finalidade é ordenar a própria ação em direção ao fim, mas isso é trabalho da razão; logo não se relaciona àqueles que carecem de razão.

Além do mais, o bem e o propósito final são objetos da vontade, mas a vontade está na razão, como se diz no terceiro livro de *Sobre a alma*; logo agir por conta de uma finalidade não é próprio senão da natureza racional.

Por outro lado, o Filósofo prova, no segundo livro da *Física*, que não apenas o intelecto, mas também a natureza age por causa do fim.

Digo em resposta que todos os agentes agem por causa do fim. De fato, entre causas ordenadas umas em relação às outras, se a primeira for retirada, se faria necessário retirar outras, porém a primeira, entre todas as causas, é a causa final. Isso ocorre porque a matéria não atinge a forma a menos que seja movida pelo agente, pois nada passa, por conta própria, da potência ao ato. Quem age, por sua vez, só se move com a intenção da finalidade, pois, se o agente não fosse determinado a produzir algum efeito, não faria mais isso do que aquilo; portanto, para que produza um efeito determinado, é necessário que seja determinado a algo específico – e isso tem a ideia do fim. Essa determinação, assim como, na natureza racional, dá-se pelo desejo racional (o qual é chamado de vontade), dá-se, nas outras instâncias, por uma inclinação natural (a qual é chamada de desejo natural).

Deve-se considerar, no entanto, que algo – por sua própria ação ou movimento – tende ao fim de duas maneiras: ou se move em direção ao fim por si próprio, como o ser humano, ou é movido em direção ao fim, como a flecha tende a determinado alvo porque é movimentada por um arqueiro, que sua ação dirige para o fim. Aquilo, portanto, que tem razão move-se, por si mesmo, em direção ao fim, porque tem domínio de seus atos pelo livre-arbítrio, o qual é uma faculdade da vontade e da razão. Aquilo, no entanto, que carece de razão tende ao fim por uma inclinação natural, como se movido por algo, mas não por si mesmo, já que não conhece a ideia do fim, e, do mesmo modo, não pode ordenar nada em direção ao fim, mas apenas é ordenado para o fim por outro. É que toda a natureza irracional se compara a Deus assim como o instrumento ao agente principal, como se colocou anteriormente. Do mesmo modo, é característico da natureza racional tender a um fim como se estivesse sendo conduzida ou liderada até o fim, enquanto é típico da natureza irracional ser como se fosse conduzida ou liderada por outro, seja em direção a um fim percebido, como nos animais irracionais, seja em direção a um fim não percebido, como naquilo que carece completamente de conhecimento.

Quanto à primeira objeção, deve-se dizer que o ser humano, quando age por si mesmo por causa do fim, conhece o fim, mas, quando é conduzido ou liderado por outro, como quando age por ordem alheia ou quando se move com outra pessoa impelindo, não necessariamente conhece o fim. Assim é também nas criaturas irracionais.

Quanto à segunda objeção, deve-se dizer que ordenar para o fim é característico daquilo que conduz a si mesmo para o fim, no entanto é característico daquilo conduzido por outro ser ordenado para o fim – o que pode ser da natureza irracional, mas de algo que possui razão.

Quanto à terceira objeção, deve-se dizer que o objeto da vontade são o fim e o bem em geral. Consequentemente, a vontade não pode estar presente naqueles que carecem de razão e intelecto, já que não podem compreender o universal, todavia existe neles um desejo natural ou sensitivo, direcionado a um bem particular. É evidente, então, que as causas particulares são movidas por uma causa universal, como o governante de uma cidade, que busca o bem comum, governa por seu comando todos os deveres particulares da cidade. Do mesmo modo, é necessário que tudo o que carece de razão seja movido, por alguma vontade racional, em direção a fins particulares, e essa vontade racional se estende para o bem universal: a saber, a vontade divina.

Os atos do ser humano adquirem sua espécie por sua finalidade?

Progredimos para o terceiro questionamento. Pode parecer que os atos humanos não adquirem sua espécie por sua finalidade, pois a finalidade é uma causa extrínseca, mas qualquer elemento adquire espécie por algum princípio intrínseco; portanto, os atos humanos não adquirem sua espécie por sua finalidade.

Além disso, aquilo que dá especificação deve ser anterior: mas, na existência, a finalidade é posterior; portanto, os atos humanos não adquirem sua espécie por sua finalidade.

Além do mais, algo não pode ser senão de uma única espécie; no entanto, é possível que um ato da mesma espécie seja ordenado para diversos fins; portanto, a finalidade não confere espécie aos atos humanos.

Por outro lado, existe o que diz Santo Agostinho no livro *Sobre os costumes da Igreja e dos maniqueus*: "segundo o fato de que o fim é culpável ou louvável", de modo que nossas obras são culpáveis ou louváveis.

Digo em resposta que cada elemento adquire sua espécie de acordo com o ato, e não de acordo com a potência. Consequentemente, aquilo que é composto de matéria e forma é constituído em suas espécies pelas próprias formas. Isso também deve ser considerado nos movimentos próprios, pois, uma vez que o movimento, de algum modo, distingue-se pela ação e pela paixão, ambos recebem sua espécie do ato. De um lado, a ação recebe a espécie do ato que é o princípio do ato de agir. Do outro, a paixão recebe a espécie do ato que é o término do movimento. Consequentemente, o aquecimento enquanto ação nada mais é do que um movimento procedente do calor, mas, enquanto paixão, nada mais é do que o movimento em direção ao calor – a definição revela a natureza da espécie. De ambas as maneiras, os atos humanos, seja considerados pelo modo das ações, seja considerados pelo modo das paixões, recebem sua espécie por sua finalidade, pois, dos dois modos, podem-se considerar atos humanos, já que o ser humano move a si mesmo e é movido por si próprio. Anteriormente, porém, foi dito que os atos são considerados humanos na medida em que procedem de uma vontade deliberada, e o objeto da vontade são o bem e o fim; portanto, é evidente que o princípio dos atos humanos, enquanto sejam humanos, é o fim, e, igualmente, é o término desses mesmos atos, pois aquilo para o que o ato humano se dirige é aquilo que a vontade projeta como finalidade, assim como, nos agentes naturais, a forma gerada se dá de acordo com a forma geradora. Como diz Santo Ambrósio, sobre Lucas, os costumes são propriamente chamados de humanos, e os atos morais propriamente recebem espécie de sua finalidade, pois são iguais os atos morais e os atos humanos.

Quanto à primeira objeção, deve-se dizer que o fim não é algo totalmente extrínseco ao ato, pois se relaciona com o ato como um princípio ou um término; e isso mesmo faz parte da natureza do ato: a saber, que ele proceda de algo (com relação à ação) e que progrida em direção a algo (com relação à paixão).

Quanto à segunda objeção, deve-se dizer que o fim, na medida em que é anterior na intenção, como já dito, pertence, então, à vontade; e, desse modo, dá espécie ao ato humano ou moral.

Quanto à terceira objeção, deve-se dizer que o mesmo ato (se considerado numericamente), na medida em que se realiza uma vez pelo agente, só é ordenado para um fim imediato – do qual toma sua espécie. Pode, no entanto, ser ordenado a vários fins remotos – entre os quais um é o fim do outro. É possível, ainda, que um ato, segundo a espécie de sua natureza, seja ordenado para diversos fins da vontade, exatamente como o é o ato de assassinar um ser humano, que, por sua natureza, é o mesmo ato que pode ser ordenado para o fim de preservar a justiça ou satisfazer a ira. A partir disso, haverá diversos atos em termos de espécie moral, porque, de uma maneira, será um ato de virtude, mas, de outra, será um ato de vício. É que o movimento não recebe sua espécie daquilo que é o término por acaso, mas somente daquilo que é o término por si. As finalidades morais ocorrem acidentalmente à realidade natural e, inversamente, a razão do fim natural ocorre acidentalmente à moral. Nada impede, pois, que atos que sejam iguais de acordo com a espécie da natureza sejam diferentes segundo a espécie moral, e vice-versa.

Há algum propósito final da vida humana?

Progredimos para o quarto questionamento. Pode parecer que não há um propósito final da vida humana, mas ela segue de propósito em propósito infinitamente. O bem, segundo sua própria natureza, é difusivo, como se evidencia pelo que diz São Dionísio no quarto livro *Sobre os nomes divinos*. Se, portanto, aquilo que procede do bem também é um bem, necessariamente esse bem difunde outro bem, e assim o processo do bem é infinito, mas o bem tem uma natureza de fim, e, então, existe um processo infinito nos fins.

Além disso, aquilo que é da natureza pode se multiplicar, e, por consequência, as quantidades matemáticas aumentam até o infinito. As espécies dos números, por isso, são infinitas, porque, dado qualquer número, a razão pode pensar em outro maior, mas o anseio pelo fim é consequência da compreensão da razão; portanto, vê-se que há um processo infinito também entre os fins.

Além do mais, o bem e o fim são objetos da vontade, mas a vontade pode, infinitamente, refletir-se sobre si mesma, pois posso querer algo e querer que eu queira aquilo, e assim até o infinito; portanto, nos fins da vontade humana, avança-se infinitamente, e não há um propósito final da vontade humana.

Por outro lado, há o que diz o Filósofo, no segundo livro da *Metafísica*: "aqueles que fazem o infinito tiram a natureza do bem". O bem, no entanto, é aquilo que tem a natureza do fim; portanto – contra a razão – o fim é o que avança infinitamente. Assim, é necessário fixar um único propósito final.

Digo em resposta que, falando em termos gerais, é impossível proceder infinitamente nos fins, seja de que maneira for. Em tudo o que tem uma ordem mútua por natureza, é necessário que, removido algo primeiro, seja removido aquilo que está relacionado ao primeiro. Por isso, o Filósofo demonstra, no oitavo livro da *Física*, que não é possível prosseguir infinitamente nas causas motrizes, porque então não haveria um primeiro motor, e, se esse fosse removido, o restante não poderia ser movido, já que só se movem porque são movidas pelo primeiro motor. Nos fins, então, encontramos uma dupla ordem: a saber, a ordem da intenção e a ordem da execução, e em ambas as ordens deve haver algo que seja primeiro. O que é primeiro na ordem da intenção é como um princípio que move o desejo; portanto, se esse princípio fosse retirado, o desejo não seria movido por nada. É daquilo que é princípio na execução que começa a operação; portanto, se esse princípio fosse retirado, ninguém começaria a agir. O princípio da intenção é o propósito final, enquanto o princípio da execução é o primeiro entre o que está ordenado para o fim. Assim, de nenhuma maneira, é possível proceder infinitamente, porque, se não houvesse um propósito final, nada seria desejado, nenhuma ação seria concluída, nenhuma intenção de um agente cessaria. Da mesma forma, se não houvesse um primeiro naquilo que está ordenado para o fim, ninguém começaria a agir, nenhum plano seria concluído, mas tudo prosseguiria infinitamente.

Nada impede, no entanto, que tenha infinitude aquilo que não tem uma ordem por si, mas que, por acaso, conjuga-se mutuamente, pois as causas por acaso são indeterminadas. Desse modo, ainda, ocorre de haver infinitude por acaso nos fins e naquilo que está ordenado para o fim.

Quanto à primeira objeção, deve-se dizer que faz parte da natureza do bem emanar de si mesmo, mas não que ele mesmo proceda de outro; portanto, como o bem tem a natureza de um fim, e o primeiro bem é o propósito final, esse raciocínio não prova que não haja um propósito final, mas sim que procede de um admitido primeiro fim infinitamente para baixo na direção daquilo que está ordenado para o fim. Isso seria válido se considerássemos apenas a virtude do primeiro bem – que é infinita. Porque, entretanto, o primeiro bem tem difusão segundo o intelecto, do qual é característico fluir para o que foi causado de acordo com uma forma específica, uma determinada maneira é aplicada ao fluxo dos bens a partir do primeiro bem, de cuja virtude difusiva todo o resto participa. A difusão dos bens não procede, pois, infinitamente, mas, como se diz no Livro da Sabedoria, Deus dispôs tudo em número, peso e medida.

Quanto à segunda objeção, deve-se dizer que, naquilo que existe por si, a razão começa a partir de princípios naturalmente conhecidos e avança na direção de um término. Consequentemente, o Filósofo prova, no primeiro livro dos *Analíticos posteriores*, que, nas demonstrações, não existe um processo infinito, porque, nas demonstrações, segue-se uma ordem de alguns elementos que estão conectados mutuamente entre si, e não por acaso. Naquilo, contudo, que se conecta ao acaso, nada impede que a razão prossiga infinitamente. Acontece com a quantidade ou o número preexistente na medida em que seja adicionada uma quantidade ou uma unidade. Consequentemente, nesse caso, nada impede que a razão avance infinitamente.

Quanto à terceira objeção, deve-se dizer que aquela multiplicação dos atos da vontade refletida sobre si mesma, por acaso, relaciona-se à ordem dos fins – o que se evidencia a partir do fato de que, em relação a um mesmo e único fim, a vontade se reflete sobre si mesma uma ou várias vezes, indiferentemente.

Um único ser humano pode ter vários propósitos finais?

Progredimos para o quinto questionamento. Pode parecer que é possível que a vontade de um só homem seja direcionada para vários elementos como propósitos finais, pois, como diz Santo Agostinho (no décimo nono livro de *A cidade de Deus*), alguns colocam o propósito final do ser humano em quatro elementos. São eles: prazer;

quietude; dádivas da natureza; e virtude. Um único homem, portanto, pode constituir o propósito final de sua vontade de muitos elementos.

Além disso, aqueles elementos que não se opõem uns aos outros não se excluem mutuamente, mas pode-se encontrar muitos entre aqueles que se opõem uns aos outros; portanto, posto um propósito final da vontade, outros não se excluem.

Além do mais, pelo fato de que a vontade constitui o propósito final em algo, ela não perde sua potência livre, mas, antes que constitua seu propósito final em um elemento – como no prazer, por exemplo –, poderia constituí-lo em outro – como na riqueza, por exemplo. Por isso, até depois de alguém constituir o propósito final de sua vontade no prazer, pode, ao mesmo tempo, constituí-lo na riqueza. É possível, portanto, que a vontade de um só homem seja direcionada para diversos elementos como propósitos finais.

Por outro lado, aquilo em que alguém repousa como se fosse o propósito final domina os afetos do ser humano, pois disso tira as regras de toda a sua vida. É por isso que se diz, no terceiro capítulo do Livro de Filipenses, "cujo Deus é o ventre", logicamente porque constituem o propósito final nas delícias do estômago, mas, como se diz em Mateus 6, ninguém pode servir a dois senhores – logicamente, não ordenados um para o outro. É impossível, portanto, que um único homem tenha vários propósitos finais não ordenados um para o outro.

Digo em resposta que é impossível a vontade de um só homem ser direcionada a elementos diferentes como propósitos finais. Podem ser apresentadas três razões. A primeira é que, como cada ente deseja sua própria perfeição, o ser humano deseja para seu propósito final o bem perfeito e aquilo que o completa. Por isso, diz Santo Agostinho, no décimo nono livro de *A cidade de Deus*, que falamos do fim do bem não porque se consuma até não existir, mas porque se aperfeiçoa para ser pleno. Convém, então, que o propósito final preencha tanto o desejo todo do ser humano, que nada fora dele reste para ser desejado – o que não pode acontecer se for requerido algo estranho à própria perfeição. Consequentemente, não pode acontecer de o desejo tender para dois lados como se ambos fossem seu bem perfeito.

A segunda razão é que, assim como no processo do raciocínio o princípio é aquilo que se conhece naturalmente, no processo do desejo racional (que é a vontade) convém que o princípio seja aquilo por que se anseia naturalmente. Esse, no entanto, deve ser único, porque a natureza não tende senão a um só elemento; e o princípio no processo do desejo natural é o propósito final. Por isso, convém que seja único aquilo a que tende a natureza sob a consciência do propósito final.

A terceira razão é que, como as ações voluntariamente recebem sua espécie do fim, como se disse anteriormente, convém que elas recebam seu gênero de um propósito final, que é comum, assim como o que é natural está colocado em um gênero de acordo com uma razão formal comum. Como, então, tudo o que é desejável pela vontade, enquanto desse tipo, é de um só gênero, é necessário que o propósito final seja único; principalmente porque, em qualquer gênero, há um só princípio primeiro, e o propósito final tem a razão do princípio primeiro, como se disse. Do mesmo modo que o propósito final do ser humano simplesmente se relaciona com todo o gênero humano, assim também o propósito final de um único homem se relaciona a esse homem especificamente. Consequentemente, assim como é natural a todos os seres humanos que haja um só propósito final, a vontade de um só homem está fixada em um só propósito final.

Quanto à primeira objeção, deve-se dizer que toda aquela diversidade de elementos é acolhida, na natureza de um bem perfeito constituído deles, por aqueles que colocam neles o propósito final.

Quanto à segunda objeção, deve-se dizer que, embora se possam aceitar outros elementos que não têm oposição entre si, ainda assim se opõe ao bem perfeito qualquer ente além do qual seja necessário para sua perfeição.

Quanto à terceira objeção, deve-se dizer que o poder da vontade não vale para fazer que os opostos coexistam, o que ocorreria no caso de tender a múltiplos objetivos distintos como propósitos finais, como fica evidente a partir do que foi exposto.

O ser humano ordena tudo para o propósito final?

Progredimos para o sexto questionamento. Pode parecer que o ser humano não quer tudo, seja o que for, por desejar o propósito final, pois aquilo que é ordenado para o propósito final é considerado significativo, sendo útil, mas brincadeiras se distinguem do que é sério; portanto, aquilo que o ser humano realiza em tom de brincadeira, ele não o ordena para o propósito final.

Além disso, o Filósofo diz, no início da *Metafísica*, que as ciências especulativas são buscadas por causa de si mesmas. Nem por isso pode-se dizer que qualquer uma delas seja o propósito final. Não é tudo o que o ser humano deseja que ele deseja por causa do propósito final.

Além do mais, quem quer que ordene algo para um fim, reflete sobre esse fim, mas nem sempre o ser humano medita sobre o propósito final em tudo aquilo que deseja ou faz; portanto, nem tudo o ser humano deseja ou faz por causa do propósito final.

Por outro lado, considere-se o que diz Santo Agostinho, no décimo nono livro de *A cidade de Deus*: "isso é o fim de nosso bem, pelo qual os outros elementos são amados, mas isso é amado por si mesmo".

Digo em resposta que é necessário que tudo o que o homem deseja deseje por causa do propósito final, e isso se dá por duas razões. Primeiro porque o que quer que o ser humano deseje deseja sob a razão do bem. Se, então, não é desejado como o bem perfeito, que é o propósito final, é necessário que seja desejado como uma tendência para o bem perfeito, porque a iniciação de algo sempre está ordenada para sua própria consumação. Isso fica evidente tanto naquilo que se dá por natureza quanto naquilo que se dá pela arte. Por isso, toda iniciação de perfeição é ordenada para a perfeição consumada, a qual se dá pelo propósito final. Segundo porque o propósito final se relaciona com o movimento do desejo da mesma forma que o primeiro motor se relaciona com outros movimentos. Fica claro, então, que as causas motoras secundárias não movem senão de acordo com o movimento que recebem do primeiro motor. Consequentemente, o desejável secundário não move o desejo a não ser em direção ao desejável primeiro, o qual é o propósito final.

Quanto à primeira objeção, deve-se dizer que as ações jocosas não se ordenam para um fim externo; no entanto se ordenam para o bem da própria pessoa que age jocosamente, conforme proporcionem prazer ou quietude. O bem consumado do ser humano, então, é seu propósito final.

É semelhante ao que se deve dizer quanto à segunda objeção, sobre a ciência especulativa, que é desejada como um bem de quem especula, o que se compreende como parte do bem completo e perfeito, o qual é o propósito final.

Quanto à terceira objeção, deve-se dizer que nem sempre convém que alguém reflita sobre o propósito final, toda vez que deseja ou realiza algo, mas a virtude da primeira intenção, a qual é a respeito do propósito final, permanece em qualquer desejo de qualquer elemento, ainda que de fato não se reflita sobre o propósito final. Do mesmo modo, não é necessário que aquele que está caminhando ao longo de um caminho pense, a cada passo, no destino.

Todos os seres humanos possuem o mesmo propósito final?

Progredimos para o sétimo questionamento. Pode parecer que não são todos os seres humanos que têm um mesmo propósito final, pois parece especialmente que o propósito final do ser humano é um bem inalterável, mas alguns dão as costas para um bem inalterável, por pecarem. O propósito final, portanto, não é um só para todos os seres humanos.

Além disso, toda a vida do ser humano é regulada pelo propósito final. Se, portanto, existisse um só propósito final para todos os seres humanos, a consequência seria não haver, entre os seres humanos, diferentes objetivos de vida – o que, claramente, é falso.

Além do mais, o propósito é o término da ação, e as ações são individuais. Ainda que os seres humanos convirjam para um tipo de natureza, diferem-se de acordo com aquilo que pertence ao indivíduo. O propósito final, portanto, não é um só para todos os seres humanos.

Por outro lado, existe o que diz Santo Agostinho, no décimo terceiro livro *Sobre a Trindade*, segundo o que todos os seres humanos aproximam-se em ansiar por um propósito final, que é a bem-aventurança.

Digo em resposta que podemos tratar do propósito final de duas maneiras: uma é seguindo a natureza dele; outra é seguindo aquilo em que está sua natureza. Por isso, em relação à natureza do propósito final, todos concordam em ansiar por ele, porque todos buscam alcançar sua perfeição, a qual é a razão do propósito final, como se disse. Quanto, porém, àquilo em que essa natureza é encontrada, nem todos os seres humanos concordam sobre o propósito final, pois alguns desejam riqueza como um bem consumado, enquanto outros desejam prazer, e outros, ainda, desejam qualquer outro elemento. Assim como o doce é agradável ao paladar, mas, para alguns, a doçura do vinho é particularmente agradável, enquanto para outros é a doçura do mel ou algo semelhante. Aquele doce, no entanto, deve ser simplesmente o mais agradável, no qual aquele que tem o paladar mais refinado se deleita da melhor maneira possível. Da mesma forma, aquele bem deve ser o mais completo possível, o qual é desejado como propósito final por aquele que possui uma disposição afetiva bem ajustada.

Quanto à primeira objeção, deve-se dizer que aqueles que pecam se afastam daquilo em que verdadeiramente reside a razão do propósito final, mas não da própria intenção do propósito final, a qual procuram falsamente em outros elementos.

Quanto à segunda objeção, deve-se dizer que existem diferentes estilos de vida entre os seres humanos devido aos diversos elementos em que se busca a razão do bem supremo.

Quanto à terceira objeção, deve-se dizer que, embora as ações sejam individuais, ainda assim, para elas, a natureza – que, como já dito, inclina--se para um só elemento – é o princípio do agir.

Todas as outras criaturas convergem para aquele propósito final do ser humano?

Progredimos para o oitavo questionamento. Pode parecer que todo o resto, inclusive, concorre para o propósito final do ser humano, pois o fim corresponde ao princípio, mas aquilo que é o princípio dos seres humanos (ou seja, Deus) é também o princípio de todo o resto. Do propósito final do ser humano, portanto, tudo compartilha.

Além disso, São Dionísio diz, no livro *Sobre os nomes divinos*, que Deus converte tudo para si, como para o propósito final, mas Ele mesmo é, inclusive, o propósito final do ser humano, porque apenas Ele deve ser aproveitado, como diz Santo Agostinho. Outros elementos, portanto, também concorrem para o propósito final do ser humano.

Além do mais, o propósito final do ser humano é o objeto da vontade, mas o objeto da vontade é o bem universal, o qual é a finalidade de tudo. É, pois, necessário que tudo concorra para o propósito final do ser humano.

Por outro lado, a bem-aventurança é o propósito final dos seres humanos, e todos a desejam, como diz Santo Agostinho, mas não ocorre de os animais que carecem de razão serem bem-aventurados, conforme o que diz Santo Agostinho no livro das oitenta e três questões. Os outros elementos, portanto, não concorrem para o propósito final do ser humano.

Digo em resposta que, como diz o Filósofo no segundo livro da *Física* e no quinto livro da *Metafísica*, o fim é considerado de duas maneiras: isto é, o "fim do qual" e o "fim pelo qual" – o próprio elemento em que a razão do bem se encontra e o uso ou a obtenção desse elemento. Por exemplo, se dissermos que o movimento de um corpo pesado é o fim, o lugar inferior seria esse elemento e o estado de estar em um lugar inferior seria o uso. Da mesma forma, o fim do avarento ou é o dinheiro, enquanto elemento, ou é a posse do dinheiro, enquanto uso.

Então, se estivermos falando do propósito final do ser humano em relação ao próprio elemento que é o fim, todo o resto concorre para o propósito final do ser humano, porque Deus é o propósito final do ser humano e de tudo mais que existe. Se, porém, estivermos falando do propósito final do ser humano em termos da realização do fim, as criaturas irracionais não participam desse propósito final do ser humano. É que o ser humano e as outras criaturas racionais alcançam o propósito final conhecendo e amando Deus, o que não é característico de outras criaturas que atingem o propósito final na medida em que participam de alguma similaridade com Deus, de acordo com o que são ou vivem ou até conhecem.

Com isso, fica evidente a resposta às objeções.

Em que consiste a bem-aventurança

Agora, deve-se considerar a bem-aventurança, pois ela denota a consecução do propósito final. Primeiramente, então, em que consiste; em segundo lugar, o que é; finalmente, como se pode alcançá-la.

Sobre o primeiro ponto, levantam-se oito questionamentos.

- Primeiro: A bem-aventurança consiste na riqueza?
- Segundo: A bem-aventurança consiste em honra?
- Terceiro: A bem-aventurança consiste em fama ou glória?
- Quarto: A bem-aventurança consiste em poder?
- Quinto: A bem-aventurança consiste em algum bem do corpo?
- Sexto: A bem-aventurança consiste em prazer?
- Sétimo: A bem-aventurança consiste em algum bem da alma?
- Oitavo: A bem-aventurança consiste em algum bem criado?

A bem-aventurança consiste na riqueza?

Progredimos para o primeiro questionamento. Pode parecer que a bem-aventurança do ser humano consiste na riqueza, pois, como a bem-aventurança é o propósito final do ser humano, consiste naquilo que mais domina nos afetos do ser humano. Ora, como se diz em Eclesiastes 10, a riqueza é assim: tudo obedece à riqueza. Na riqueza, portanto, consiste a bem-aventurança do ser humano.

Além disso, de acordo com Boécio (no terceiro livro de *A consolação da filosofia*), a bem-aventurança é o estado tornado perfeito pela agregação de todos os bens, mas parece que tudo é possuído na riqueza, porque, como diz o Filósofo no quinto livro da *Ética a Nicômaco*, o dinheiro foi inventado para que seja como uma garantia de possuir tudo aquilo que o ser humano quiser. A bem-aventurança, portanto, consiste na riqueza.

Além do mais, o desejo do bem supremo, como nunca falta, parece ser infinito, mas encontra-se isso precipuamente na riqueza, porque o avaro não se enche de dinheiro, como se diz em Eclesiastes 5. A bem-aventurança, portanto, consiste na riqueza.

Por outro lado, o bem do ser humano consiste mais em reter a bem-aventurança do que em espalhá-la; todavia, como diz Boécio, no segundo livro de *A consolação da filosofia*, a riqueza brilha melhor com a profusão, mais do que com o acúmulo, visto que a avareza sempre cria pessoas odiadas, enquanto a generosidade cria pessoas ilustres. A bem-aventurança não consiste, pois, na riqueza.

Digo em resposta que é impossível que a bem-aventurança do ser humano consista na riqueza, pois esta se apresenta de duas formas, como afirma o Filósofo no primeiro livro da *Política*: a natural e a artificial. A natural é aquela que auxilia o ser humano para que ele satisfaça suas necessidades naturais, como a comida, a bebida, as roupas, os meios de transporte, a moradia e outros elementos desse tipo. Já a riqueza artificial é aquela que, por si só, não colabora com a natureza humana, como o dinheiro, embora o engenho humano o tenha inventado para facilitar as trocas, de modo que sejam como uma medida para os bens vendáveis.

Fica evidente, então, que a bem-aventurança do ser humano não pode estar na riqueza natural, pois se busca a riqueza desse tipo por causa de outro algo, a saber, para sustentar a natureza humana; portanto, não pode ser o propósito final do ser humano, mas é ordenada para o ser humano como seu fim. Consequentemente, na ordem natural, tudo o que for desse tipo está abaixo do ser humano e foi feito por causa do ser humano, conforme o Salmo 8: "sujeitaste tudo sob seus pés".

Já a riqueza artificial não é buscada senão por causa da riqueza natural, pois não é buscada senão porque com ela se compra aquilo que é necessário à vida. Consequentemente, tem muito menos razão de ser o propósito final. É impossível, portanto, que a bem-aventurança – que é o propósito final do ser humano – resida nas riquezas.

Quanto à primeira objeção, deve-se dizer que tudo o que é material obedece ao dinheiro com relação à turba de tolos que só conhecem os bens materiais, que podem ser adquiridos com dinheiro. E não se deve tomar dos tolos o juízo sobre os bens humanos; deve-se tomá-lo dos sábios, assim como também ocorre com o juízo sobre os sabores, que deve ser tomado daqueles que têm o paladar bem apurado.

Quanto à segunda objeção, deve-se dizer que o dinheiro compra tudo o que é vendável, mas não o que é espiritual, que não pode ser vendido. Disso vem o que está dito em Provérbios 17: "no que ter riqueza ajuda o tolo se ele não pode comprar a sabedoria?"

Quanto à terceira objeção, deve-se dizer que o desejo por riquezas naturais não é infinito, porque satisfazem a natureza em alguma medida, mas o desejo por riquezas artificiais é infinito, porque serve a uma concupiscência desordenada, a qual não se modifica, como está claro pelo que afirma o Filósofo no primeiro livro da *Política*. De forma diferente, é infinito o desejo por riquezas, assim como o desejo pelo bem supremo, pois, quanto mais perfeitamente se possui o bem supremo, mais ele mesmo é amado, e outros elementos são desprezados, porque, quanto mais se tem, mais se conhece. Diz-se, portanto, em Eclesiástico 24:

"aquele que se alimenta de mim ainda tem

fome", mas o contrário ocorre com o desejo por riquezas e quaisquer bens temporais, pois, quando já estão em posse, eles mesmos são desprezados, enquanto novos elementos são desejados, de acordo com o que se indica em João 4, quando o Senhor diz "aquele que bebe desta água terá sede novamente" – e essa água representa os bens temporais. Isso ocorre porque a insuficiência deles é mais bem reconhecida quando já estão em posse; portanto, isso mesmo mostra a imperfeição deles, além de demonstrar que o bem supremo não consiste nesses bens.

A bem-aventurança consiste em honra?

Progredimos para o segundo questionamento. Pode parecer que a bem-aventurança do ser humano consiste em honra, pois a bem-aventurança (ou felicidade) é o prêmio da virtude, como diz o Filósofo no primeiro livro da *Ética a Nicômaco*, mas a honra é o que mais parece ser o prêmio pela virtude, como diz o Filósofo no quarto livro da *Ética a Nicômaco*. A bem-aventurança, portanto, consiste principalmente em honra.

Além disso, aquilo que convém a Deus e às pessoas da mais alta excelência parece ser, grandemente, a bem-aventurança, a qual é o bem perfeito, mas a honra é desse gênero, como o Filósofo diz no quarto livro da *Ética a Nicômaco* e até o Apóstolo em 1 Timóteo 1: "somente a Deus a honra e a glória". É em honra, portanto, que consiste a bem-aventurança.

Além do mais, aquilo que é mais desejado pelos seres humanos é a bem-aventurança, mas nada parece ser mais desejável pelos seres humanos do que a honra, porque os seres humanos suportam perdas em tudo aquilo em que precisarem sofrer para não sofrerem algum prejuízo em sua honra. Em honra, portanto, consiste a bem-aventurança.

Por outro lado, a bem-aventurança está no bem-aventurado, enquanto a honra não está naquele que é honrado, porém mais em quem honra, que mostra reverência ao honrado, como diz o Filósofo no primeiro livro da *Ética a Nicômaco*. Não é em honra, portanto, que a bem-aventurança consiste.

Digo em resposta que é impossível a bem-aventurança consistir em honra, pois a honra é dada a uma pessoa por causa de alguma excelência sua; e isso é um sinal e um atestado da excelência que existe no honrado. Em contrapartida, a excelência do ser humano se dá especialmente de acordo com a bem-aventurança, que é o bem perfeito do ser humano, e de acordo com as partes dela, ou seja, de acordo com aqueles bens pelos quais algo participa da bem-aventurança. Por isso, a honra pode, de fato, ser consequência da bem-aventurança, mas, principalmente, a bem-aventurança não pode consistir em honra.

Quanto à primeira objeção, deve-se dizer que, assim como diz o Filósofo na mesma obra, a honra não é o prêmio da virtude pelo qual os virtuosos agem, mas eles recebem das pessoas a honra como uma espécie de recompensa, como se viesse de quem não tem algo maior para oferecer. O verdadeiro prêmio da virtude, no entanto, é a própria bem-aventurança, pela qual os virtuosos agem. Na realidade, se agissem por causa de honra, já não seria virtude, mas antes ambição.

Quanto à segunda objeção, deve-se dizer que a honra é devida a Deus e às pessoas da mais alta excelência, como sinal e atestado de uma excelência preexistente, e não porque a própria honra as faça excelentes.

Quanto à terceira objeção, deve-se dizer que ocorre de os seres humanos desejarem enormemente a honra por ação de um anseio natural pela bem-aventurança, que é consequência da honra, como já se mencionou. Consequentemente, as pessoas procuram especialmente ser honradas pelos sábios, cujo julgamento as faz acreditar que são excelentes ou felizes.

A bem-aventurança consiste em fama ou glória?

Progredimos para o terceiro questionamento. Pode parecer que a bem-aventurança do ser humano consiste em glória, pois a bem-aventurança parece consistir nisso porque é dada aos santos pelas tribulações que sofrem. A glória é assim, pois diz o Apóstolo, em Romanos 8, que os sofrimentos do tempo presente não são comparáveis com a glória futura, que será revelada em nós. A bem-aventurança, portanto, consiste em glória.

Além disso, o bem se espalha a partir de si mesmo, como se evidencia pelo que diz São Dionísio, no quarto capítulo de *Sobre os nomes divinos*, mas é pela glória principalmente que o bem do ser humano se difunde no conhecimento dos outros, porque a glória, como diz Santo Ambrósio, nada mais é do que o reconhecimento claro e elogioso. A bem-aventurança, portanto, consiste em glória.

Além do mais, a bem-aventurança, entre os bens que há, é o mais estável, e isso parece ser a fama ou a glória, porque, por meio dela, os seres humanos de alguma maneira obtêm um quinhão da eternidade. A partir disso, Boécio (em *A consolação da filosofia*) diz: "Vós pareceis espalhar para si mesmos a imortalidade, quando pensais sobre a fama no tempo vindouro". A bem-aventurança, portanto, consiste em fama ou glória.

Por outro lado, a bem-aventurança é o verdadeiro bem do ser humano, mas pode acontecer de a fama, ou glória, ser falsa, pois, como diz Boécio, no terceiro livro de *A consolação da filosofia*, é frequente que muitos percam um grande nome devido a falsas opiniões do povo. O que se pode pensar de mais vergonhoso? Aqueles que são falsamente elogiados ficam, inevitavelmente, envergonhados por seus próprios elogios. Não é em fama ou glória que a bem-aventurança do ser humano consiste.

Digo em resposta que é impossível que a bem-aventurança do ser humano consista em fama ou glória humana, pois a glória nada mais é do que o reconhecimento claro e elogioso, como diz Santo Ambrósio. Aquilo que é conhecido, no entanto, compara-se de um modo com o conhecimento humano e de outro com o conhecimento divino, pois o conhecimento humano se origina a partir daquilo que se conhece, enquanto o conhecimento divino é a origem de tudo o que se conhece. Consequentemente, a perfeição do bem humano, a qual é considerada a bem-aventurança, não pode se fazer com o reconhecimento humano, mas sim o reconhecimento humano advém da bem-aventurança de alguém e, de certa maneira, é originado da própria bem-aventurança humana, incipiente ou perfeita. Por isso, a bem-aventurança do ser humano não pode consistir em fama ou glória; todavia o bem do ser humano depende, como causa, do conhecimento de Deus. Assim, a bem-aventurança do ser humano depende, como sua própria causa, da glória que há diante de Deus, de acordo com o que se afirma em Salmos 90: "Eu o livrarei e o glorificarei e o deixarei repleto com uma imensidão de dias e lhe mostrarei minha salvação".

Há, ainda, outro ponto a se considerar: o reconhecimento humano regularmente falha, especialmente em relação a eventos contingentes singulares, como são os atos humanos. Por isso, frequentemente, a glória humana é enganadora; entretanto, como Deus não pode falhar, a glória dele é sempre verdadeira. Por causa disso, diz-se, em 2 Coríntios 10, que se aprova aquele que Deus recomenda.

Quanto à primeira objeção, deve-se dizer que o Apóstolo não fala ali sobre a glória que existe entre os homens, mas sobre a glória que vem de Deus diante de seus anjos, a partir do que se diz, em Marcos 8, que o filho do homem o reconhecerá na glória de seu pai perante seus anjos.

Quanto à segunda objeção, deve-se dizer que o bem de uma pessoa, o qual está no conhecimento de muitos por meio da fama (ou glória), se o conhecimento for verdadeiro, precisa derivar de um bem existente na própria pessoa, e isso pressupõe a bem-aventurança, seja perfeita, seja incipiente. Se, porém, o conhecimento for falso, não está em conformidade com a realidade, e assim não se encontra o bem naquela pessoa cuja fama é considerada célebre. A partir disso, fica claro que de nenhuma maneira a fama pode tornar o ser humano bem-aventurado.

Quanto à terceira objeção, deve-se dizer que a fama não tem estabilidade. Pelo contrário, é fácil que ela seja arruinada por conta de um falso rumor. E, mesmo que, em algum momento, conserve-se estável, isso se dá acidentalmente, mas a bem-aventurança tem, por si mesma e sempre, estabilidade.

A bem-aventurança consiste em poder?

Progredimos para o quarto questionamento. Pode parecer que a bem-aventurança consiste em poder, pois o que quer que exista deseja ser semelhante a Deus, como propósito final e princípio primeiro, mas os seres humanos que estão no poder, por causa da semelhança do poder, são os que mais parecem estar em conformidade com Deus, e, por causa disso, até nas escrituras são chamados de "deuses", como fica claro em Êxodo 22: "não desprezarás os deuses". A bem-aventurança, portanto, consiste em poder.

Além disso, a bem-aventurança é o bem perfeito, mas a perfeição maior é o ser humano conseguir controlar outras pessoas, o que convém àqueles que estão constituídos no poder. A bem-aventurança, portanto, consiste em poder.

Além do mais, como seja a bem-aventurança altamente desejável, opõe-se àquilo do que se deve fugir em primeiro lugar, mas os seres humanos fogem, com todas as forças, da servidão, a que se opõe o poder. A bem-aventurança, portanto, consiste em poder.

Por outro lado, a bem-aventurança é o bem perfeito, mas o poder é imperfeitíssimo, pois, como diz Boécio, no terceiro livro de *A consolação da filosofia*, "o poder humano não consegue afastar a mordida das angústias nem consegue evitar as picadas do medo". Depois, ainda: "acreditas que aquele que tem poder, cercado por súditos de todos os lados, súditos que ele mesmo aterroriza, tem mais medo ainda?"

Digo em resposta que é impossível que a bem-aventurança consista em poder, por duas razões. Em primeiro lugar, é que o poder tem a natureza do princípio, como fica claro pelo que se diz no quinto livro da *Metafísica*, enquanto a bem-aventurança tem a natureza do propósito final. Em segundo lugar, é que o poder tem relação com o bem e com o mal, enquanto a bem-aventurança é o próprio bem perfeito do ser humano. Consequentemente, a bem-aventurança poderia consistir mais em algum bom uso do poder, que se dá por virtude, e menos no poder em si.

Quatro razões gerais, ainda, podem ser trazidas para demonstrar que a bem-aventurança não consiste em nenhum dos bens exteriores mencionados. A primeira delas é que, como a bem-aventurança é o bem supremo do ser humano, não é compatível com ela nenhum mal – todo o resto dito anteriormente, no entanto, pode ser encontrado ou entre os bens ou entre os males. A segunda razão é que, como a natureza da bem-aventurança é o que é suficientemente por si só, conforme fica claro no primeiro livro da *Ética a Nicômaco*, alcançada a bem-aventurança, obrigatoriamente, nenhum bem necessário falta ao ser humano – quanto ao restante dito anteriormente, mesmo quando alcançado um dos bens mencionados, muitos bens necessários podem faltar ao ser humano, como a sabedoria, a saúde do corpo e outros desse tipo. A terceira é que, como a bem-aventurança é o bem perfeito, um mal não pode surgir para alguém a partir da bem-aventurança, o que não combina com o que foi dito antes, pois se diz, em

Eclesiastes 5, que as riquezas às vezes se conservam para o mal de seu dono; e algo semelhante se mostra nos outros três casos. A quarta razão é que o ser humano se ordena para a bem-aventurança por princípios interiores, uma vez que se destine a ela naturalmente – os quatro bens ditos anteriormente, no entanto, advêm mais de causas exteriores, e, na maioria das vezes, da fortuna, por causa do que são considerados os bens da fortuna. Consequentemente, fica claro que a bem-aventurança não consiste, de modo algum, nos bens já mencionados.

Quanto à primeira objeção, deve-se dizer que o poder divino é sua bondade; consequentemente, Deus não pode usar seu poder a não ser para o bem, mas isso não se aplica aos seres humanos. Para a felicidade humana, portanto, não é suficiente que o ser humano se assemelhe a Deus quanto ao poder, a menos que se assemelhe a Ele em termos de bondade.

Quanto à segunda objeção, deve-se dizer que, assim como é ótimo que alguém exerça bem o poder sobre muitas pessoas, é péssimo que o exerça mal. Desse modo, o poder se relaciona tanto com o bem quanto com o mal.

Quanto à terceira objeção, deve-se dizer que a servidão é um impedimento para o bom uso do poder; portanto, naturalmente, os seres humanos fogem dela, e não como se o bem supremo estivesse no poder de uma pessoa.

A bem-aventurança consiste em algum bem do corpo?

Progredimos para o quinto questionamento. Pode parecer que a bem-aventurança do ser humano consiste nos bens do corpo, pois é dito, em Eclesiástico 30, que não há riqueza sobre a riqueza da saúde física, mas a bem-aventurança consiste naquilo que é o melhor de tudo; portanto, consiste na saúde do corpo.

Além disso, São Dionísio diz, no quinto capítulo de *Sobre os nomes divinos*, que existir é melhor que viver, e viver é melhor do que aquilo que vem em consequência, mas tanto para existir quanto para viver é requerida do ser humano a saúde física. Como, portanto, a bem-aventurança é o bem supremo do ser humano, parece que a saúde do corpo está intimamente relacionada com a bem-aventurança.

Além do mais, quanto mais universal for um elemento, mais elevado será o princípio de que depende, porque, quanto mais elevada for a causa, mais sua virtude se espraiará para muitas direções, mas, assim como a causalidade da causa eficiente é considerada de acordo com a influência, do mesmo modo a causalidade do fim é analisada de acordo com o desejo. Assim como, portanto, a primeira causa eficiente é aquela que flui para tudo, de modo semelhante o propósito final é aquilo que é desejado por todos, mas o que é mais desejado por todos é o próprio ser. A bem-aventurança do ser humano, portanto, consiste principalmente naquilo que está relacionado com sua existência; por exemplo, a saúde do corpo.

Por outro lado, no que diz respeito à bem-aventurança, o ser humano supera todos os outros animais, mas, com relação aos bens do corpo, é superado por muitos animais, como pelo elefante quanto à duração da vida, pelo leão quanto à força, pelo veado quanto à rapidez. A bem-aventurança do ser humano, portanto, não consiste nos bens do corpo.

Digo em resposta que é impossível a bem-aventurança do ser humano consistir nos bens do corpo, por duas razões. Em primeiro lugar, é impossível que o propósito final de algo que é ordenado a outro como meio seja sua própria preservação no ser. Assim, um comandante não considera a preservação do navio confiado a ele como seu propósito final, porque o navio é ordenado a algo mais como fim: a saber, a navegação. Então, assim como se confia o navio ao comandante para que ele o comande, da mesma forma o ser humano é confiado à sua vontade e à sua razão, conforme aquilo que é dito em Eclesiástico 15: "desde o princípio, Deus criou o ser humano e o entregou às mãos de sua própria deliberação". Assim, está evidente que o ser humano é ordenado a algo como a um fim, pois o ser humano não é o bem supremo. Consequentemente, é impossível que o propósito final da razão e da vontade humana seja a conservação do ser humano.

Em segundo lugar, dado que o fim da razão e da vontade humana fosse a conservação de ser humano, nem por isso se poderia dizer que o fim do ser humano é algum bem do corpo, pois ser humano consiste em alma e corpo; e, embora a existência do corpo dependa da alma, a existência da alma humana, no entanto, não depende do corpo, como se mostrou anteriormente. Além disso, o corpo em si existe para a alma, assim como a matéria para a forma, e os instrumentos para o agente para que possa por elas exercer suas atividades. Consequentemente, todos os bens do corpo são ordenados para os bens da alma como fim; e é impossível que a bem-aventurança – a qual é o propósito final do ser humano – consista nos bens do corpo.

Quanto à primeira objeção, deve-se dizer que os bens exteriores são ordenados para o próprio corpo, assim como o corpo é ordenado para a alma como fim. Por isso, razoavelmente, o bem do corpo é preferido aos bens exteriores, que são entendidos como riquezas, do mesmo modo como o bem da alma é preferido a todos os bens do corpo.

Quanto à segunda objeção, deve-se dizer que a existência considerada em sentido absoluto, na medida em que inclui em si toda a perfeição do ser, está acima da vida e de tudo o que se segue, pois ela mesma possui em si tudo o que se segue. É nesses termos que São Dionísio fala; todavia, se considerarmos a existência na medida em que é participado por isto ou por aquilo, que não abrangem toda a perfeição do ser, mas possuem uma imperfeição, como é a existência de qualquer criatura, então é evidente que a existência acrescida da perfeição é mais notável. Consequentemente, também diz São Dionísio, no mesmo lugar, que os seres vivos são melhores do que os seres existentes, e os seres inteligentes são melhores que os seres vivos.

Quanto à terceira objeção, deve-se dizer que, como um fim corresponde a um princípio, essa argumentação demonstra que o propósito final é o primeiro princípio do ser, no qual está toda a perfeição da existência, a cuja semelhança aspiram, de acordo com sua proporção, alguns apenas no ser, outros no ser vivente, outros no ser vivente, inteligente e bem-aventurado. Isso pertence a poucos.

A bem-aventurança consiste em prazer?

Progredimos para o sexto questionamento. Pode parecer que a bem-aventurança do ser humano consiste em prazer, pois ela, porque seja o propósito final, não é desejada por conta de outro elemento, mas outros elementos são desejados por conta dela, mas isso se aplica principalmente ao deleite, pois é ridículo perguntar a alguém o motivo de ele querer se deleitar, como é dito no quarto livro da *Ética a Nicômaco*. A bem-aventurança, portanto, consiste principalmente em prazer e deleite.

Além disso, a causa primária expressa-se com mais força do que a secundária, como está dito no *Livro das causas*. Já a influência do fim é considerada de acordo com seu desejo; portanto, aquilo que move intensamente o desejo parece ter a natureza do propósito final. Isso, porém, é o prazer, cujo sinal é que o deleite absorve tanto a vontade quanto a razão do ser humano, o que o faz desprezar outros bens. Parece, pois, que o propósito final do ser humano, que é a bem--aventurança, consiste principalmente em prazer.

Além do mais, como o desejo é do bem, aquilo a que tudo aspira parece ser o melhor, mas tudo aspira ao deleite: tanto os sábios quanto os tolos e, inclusive, aqueles que carecem de razão. O deleite, portanto, é o melhor de tudo. Assim, a bem-aventurança, que é o bem supremo, consiste em prazer.

Por outro lado, deve-se considerar o que diz Boécio, no terceiro livro de *A consolação da filosofia*: "quem quer que queira rememorar suas paixões entenderá que os prazeres acabam tendo um desfecho triste"; e, se elas pudessem fazê-lo bem--aventurado, não haveria por que não dizer que os rebanhos também são bem-aventurados.

Digo em resposta que, como os deleites do corpo são conhecidos para mais pessoas, assumiram para si o nome de "prazeres", como se diz no sétimo livro da *Ética a Nicômaco*, ainda que haja deleites melhores, nos quais, de qualquer modo, a bem-aventurança não consiste principalmente. É que, em cada contexto, há aquilo que se relaciona à essência dele e há aquilo que é um acidente próprio dele, assim como, no ser humano, há o fato de que é um animal racional mortal e há o fato de que é risível. Deve-se considerar, portanto, que todo deleite é certo acidente próprio em consequência da bem-aventurança ou de alguma parte da bem-aventurança, pois com isso alguém se deleita porque tem algum bem conveniente a si, ou na realidade, ou na esperança, ou ao menos na memória. Um bem conveniente, se de fato é perfeito, é a própria bem-aventurança do ser humano; se, porém, é imperfeito, é alguma participação da bem-aventurança, ou próxima, ou remota, ou ao menos aparente. Consequentemente, fica claro que nem o próprio deleite que é consequência de um bem perfeito é em si a essência da bem-aventurança, mas alguma consequência dela mesma como acidental por si.

Já o prazer físico não pode, nem desse modo, ser consequência de um bem perfeito, pois se segue a um bem que apreende o sentido, que é da alma a virtude usando o corpo; todavia o bem que pertence ao corpo, que é apreendido de acordo com o sentido, não pode ser um bem perfeito do ser humano. Assim, como a alma racional excede a proporção da matéria corporal, a parte da alma que é apartada de um aparato corpóreo tem certa infinitude no que diz respeito ao próprio corpo e às partes da alma ligadas ao corpo, assim como o que é imaterial é, de certo modo, infinito no que diz respeito ao que é material, uma vez que a forma é de algum modo contraída e limitada pela matéria; portanto, a forma apartada da matéria é, de certa forma, infinita. Por isso, o sentido, que é a força física, conhece o singular, que é determinado pela matéria, enquanto o intelecto, que é a força apartada da matéria, conhece o universal, que é independente da matéria e contém em si infinitos singulares. Consequentemente, fica claro que o bem conveniente ao corpo, o qual causa deleite físico pela apreensão do sentido, não é o bem perfeito do ser humano, mas é algo mínimo na comparação com o bem da alma. Daí estar escrito, em Sabedoria 7, que todo ouro, na comparação com a sabedoria, é areia pouca. Desse modo, portanto, nem o prazer físico é a própria bem-aventurança, nem é por si acidente da bem-aventurança.

Quanto à primeira objeção, deve-se dizer que são da mesma natureza o que almeja o bem e o que almeja o deleite, o qual nada mais é do que a quietude do desejo no bem, assim como são da mesma virtude da natureza o que é, pesado, levado para baixo e o que ali repousa. Consequentemente, assim como o bem é desejado por causa de si mesmo, também o deleite por conta de si, e não por outro elemento, é desejado, se a preposição "para" denotar a causa final. Se, todavia, denotar a causa formal – ou, melhor, motiva –, então o deleite é desejável por causa de outro elemento, ou seja, por causa do bem, o qual é o objeto desse deleite e, por consequência, seu princípio, além de lhe dar forma, pois a razão pela qual o deleite é desejado é que ele é o descanso no alvo almejado.

Quanto à segunda objeção, deve-se dizer que o desejo veemente do deleite sensível advém do fato de que as operações dos sentidos – por serem os princípios de nossa cognição – são mais perceptíveis. Consequentemente, os deleites sensíveis são almejados por mais pessoas.

Quanto à terceira objeção, deve-se dizer que, desse modo, todas as pessoas almejam deleite, assim como também desejam o bem, porém almejam o deleite com a razão do bem, e não o contrário, como foi dito. Consequentemente, não se segue que o deleite seja o máximo e, por si só, o bem, mas que cada deleite resulta em algum bem e que algum deleite resulta naquilo que é por si o bem máximo.

A bem-aventurança consiste em algum bem da alma?

Progredimos para o sétimo questionamento. Pode parecer que a bem-aventurança consiste em algum bem da alma, pois ela é um bem do ser humano. Tal bem, no entanto, divide-se em três: bens exteriores, bens do corpo e bens da alma, mas a bem-aventurança não consiste nem nos bens exteriores nem nos bens do corpo – como se mostrou anteriormente. É nos bens da alma, portanto, que consiste a bem-aventurança.

Além disso, amamos mais aquilo para o que desejamos algum bem do que o próprio bem que lhe desejamos, assim como amamos mais o amigo para quem desejamos dinheiro do que o próprio dinheiro, mas cada pessoa deseja para si algum bem qualquer; portanto, ama mais a si mesma do que todos os outros bens. A bem-aventurança, todavia, é aquilo que mais se ama, o que fica claro com base no fato de que todo o resto é amado e desejado por causa dela. A bem-aventurança, portanto, consiste em algum bem do próprio ser humano, mas não nos bens do corpo, e sim nos bens da alma.

Além do mais, a perfeição é um elemento daquilo que é perfeito, mas a bem-aventurança é certa perfeição do ser humano; portanto, a bem-aventurança é algo que pertence ao ser humano, mas não é algo do corpo, como já se demonstrou. Então, a bem-aventurança é algo da alma e, assim, consiste nos bens da alma.

Por outro lado, conforme diz Santo Agostinho no livro *A doutrina cristã*, aquilo em que consiste uma vida bem-aventurada deve ser amado por conta de si mesmo, mas o ser humano não deve ser amado por conta de si próprio; na realidade, o que quer que haja no ser humano deve ser amado por causa de Deus. A bem-aventurança, portanto, não consiste em bem algum da alma.

Digo em resposta que, como foi colocado anteriormente, o fim é considerado de duas maneiras, ou seja, o próprio elemento que gostaríamos de alcançar e o uso (ou obtenção ou posse) daquele elemento. Então, se estivermos falando do propósito final do ser humano com relação ao próprio elemento que almejamos alcançar como propósito final, é impossível que o propósito final do ser humano seja a própria alma ou algo pertencente a ela. É que a própria alma, considerada em si mesma, é como algo que existe em potência, pois se torna conhecedora pelo ato da potência conhecedora e virtuosa pelo ato da potência virtuosa. Como, no entanto, a potência se dá por conta do ato, assim como pelo complemento, é impossível que aquilo que está em si mesmo em potência tenha a natureza do propósito final. Consequentemente, é impossível que a própria alma seja o propósito final de si mesma.

De modo semelhante, nem algo que pertença a ela, seja potência, seja hábito, seja ato, pois o bem que é o propósito final é um bem perfeito que satisfaz o desejo. O desejo humano, que é a vontade, pertence ao bem universal; todavia qualquer bem aderente à própria alma é um bem participado e, consequentemente, particularizado. É impossível, portanto, que algum deles seja o propósito final do ser humano.

Agora, se estivermos falando sobre o propósito final do ser humano com relação à própria obtenção (ou posse) ou a qualquer uso do próprio elemento que é desejado como fim, então algo do ser humano por parte da alma pertence ao propósito final, porque o ser humano alcança a bem-aventurança por meio da alma. O próprio elemento que é desejado como fim é, pois, aquilo em que consiste a bem-aventurança e que torna alguém bem-aventurado, mas a obtenção daquele elemento é chamada de bem-aventurança. Consequentemente, deve-se dizer que a bem-aventurança é algo da alma, mas aquilo em que consiste a bem-aventurança é algo fora da alma.

Quanto à primeira objeção, deve-se dizer que, de acordo com o fato de que, sob aquela divisão, são abrangidos todos os bens que são desejáveis pelo ser humano, o bem da alma é compreendido não só como potência, hábito ou ato, mas também como objeto, o qual é extrínseco. Desse modo, nada impede que se diga que aquilo em que consiste a bem-aventurança é algum bem da alma.

Quanto à segunda objeção, deve-se dizer que, no que se refere ao propósito, a bem-aventurança é amada sobre todo o resto como um bem muito desejado, enquanto um amigo é amado como aquilo para o que se deseja muito um bem; e assim também o ser humano ama a si mesmo. Consequentemente, não é o mesmo tipo de amor em ambos os casos. Só, no entanto, quando houver espaço para tratar da caridade, é que se considerará se o ser humano ama algo acima de si mesmo por causa do amor da amizade.

Quanto à terceira objeção, deve-se dizer que a própria bem-aventurança, por ser uma perfeição da alma, é algum bem inerente à alma, mas aquilo em que consiste a bem-aventurança – o que, claro, torna alguém bem-aventurado – é algo de fora da alma, como já se disse.

A bem-aventurança consiste em algum bem criado?

Progredimos para o oitavo questionamento. Pode parecer que a bem-aventurança do ser humano consiste em algum bem criado. É que São Dionísio diz, no sétimo capítulo de *Sobre os nomes divinos*, que a sabedoria divina conjuga os fins dos elementos primários com os princípios dos secundários, com o que se pode compreender que o ponto mais alto de uma natureza inferior é atingir o ponto ínfimo de uma natureza superior, mas o bem supremo do ser humano é a bem-aventurança. Como, portanto, os anjos estão naturalmente em uma ordem superior à dos seres humanos, de acordo com o que está colocado na primeira parte, pode parecer que a bem-aventurança do ser humano consiste naquilo que, de algum modo, relaciona-se com os anjos.

Além disso, o propósito final do que quer que seja está na forma perfeita do elemento; portanto, a parte é por causa do todo, assim como por causa do fim, mas todo o universo de criaturas – o que se chama de "mundo maior" – compara-se ao ser humano, que, no oitavo livro da *Física*, é chamado de "mundo menor", como o perfeito para o imperfeito. A bem-aventurança do ser humano, portanto, consiste em todo o universo de criaturas.

Além do mais, o ser humano se torna bem-aventurado por meio daquilo que aquieta seu desejo natural, mas o desejo natural do ser humano não se estende a um bem maior do que o que ele mesmo consegue abarcar. Como, portanto, o ser humano não é capaz do bem que excede os limites da criatura toda, pode parecer que, por meio de algum bem criado, o homem pode se tornar bem-aventurado. Assim, a bem-aventurança do ser humano consiste em algum bem criado.

Por outro lado, considere-se o que diz Santo Agostinho, no décimo nono livro de *A cidade de Deus*: "assim como a alma é a carne da vida, Deus é a bem-aventurada vida do ser humano". Sobre Ele, foi dito: "bem-aventurado o povo cujo Deus é o Senhor".

Digo em resposta que é impossível a bem--aventurança do ser humano consistir em algum bem criado, pois ela é um bem perfeito, o qual aquieta totalmente o desejo, e, de outro modo, não seria o propósito final, caso restasse ainda algo a ser desejado. Já o objeto da vontade, que é o desejo humano, é um bem universal, assim como o objeto do intelecto é uma verdade universal. A partir disso, fica claro que nada pode aquietar a vontade do ser humano, a não ser um bem universal, o qual não se encontra em algo criado, mas somente em Deus, porque toda criatura tem bondade participada. Consequentemente, apenas Deus pode preencher a vontade do ser humano, de acordo com o que se diz em Salmos 102: "aquele que satisfaz teu desejo com o que é bom". Apenas em Deus, portanto, consiste a bem-aventurança do ser humano.

Quanto à primeira objeção, deve-se dizer que a parte superior do ser humano toca de fato a parte ínfima da natureza dos anjos por certa semelhança; todavia o ser humano não para aí como se encontrasse o propósito final; vai adiante até encontrar a própria fonte universal do bem, a qual é o objeto universal da bem-aventurança de todos os bem-aventurados, como o existente bem infinito e perfeito.

Quanto à segunda objeção, deve-se dizer que, se um todo qualquer não for o propósito final, mas que ordene para um fim posterior, o propósito final da parte não é o próprio todo, mas algum outro elemento. Já o universo de criaturas, a que o ser humano se compara como parte de um todo, não é o propósito final, mas ordena para Deus como propósito final. Consequentemente, o bem do universo não é o propósito final do ser humano, mas sim o próprio Deus.

Quanto à terceira objeção, deve-se dizer que um bem criado não é menor do que um bem de que o ser humano é capaz como algo intrínseco e inerente, porém é menor do que o bem de que é capaz como objeto, que é infinito. Já o bem de que participa pelos anjos e pelo universo todo é um bem finito e restrito.

O que é a bem-aventurança

Agora, deve-se considerar o que é a bem-aventurança e o que é necessário para alcançá-la. Sobre o primeiro ponto levantam-se oito questionamentos.

- Primeiro: A bem-aventurança é algo incriado?
- Segundo: Se for algo criado, a bem-aventurança é uma operação?
- Terceiro: A bem-aventurança é uma operação da parte sensível ou apenas da intelectual?
- Quarto: Se for uma operação da parte intelectual, trata-se de uma operação do intelecto ou da vontade?
- Quinto: Se for uma operação do intelecto, trata-se de uma operação do intelecto especulativo ou prático?
- Sexto: Se for uma operação do intelecto especulativo, a bem-aventurança consiste na especulação das ciências especulativas?
- Sétimo: A bem-aventurança consiste na especulação das substâncias separadas, ou seja, dos anjos?
- Oitavo: A bem-aventurança consiste na pura contemplação de Deus, pela qual Ele é visto em sua essência?

A bem-aventurança é algo incriado?

Progredimos para o primeiro questionamento. Pode parecer que a bem-aventurança é algo incriado, pois diz Boécio – no terceiro livro de *A consolação da filosofia* – que é preciso confessar que Deus é a própria bem-aventurança.

Além disso, a bem-aventurança é o bem supremo, mas o bem supremo está relacionado com Deus. Assim, portanto, como não são muitos os bens supremos, parece que a bem-aventurança é o mesmo que Deus.

Além do mais, a bem-aventurança é o propósito final, para o qual a vontade humana tende naturalmente, mas para nenhum outro elemento a vontade deve tender como a um propósito final a não ser para Deus, que é o único a ser desfrutado, como diz Santo Agostinho. A bem-aventurança, portanto, é o mesmo que Deus.

Por outro lado, nada feito é incriado, mas a bem-aventurança do ser humano é algo feito, porque, segundo Santo Agostinho, no primeiro livro de *A doutrina cristã*, devem-se aproveitar aqueles elementos que nos tornam bem-aventurados. A bem-aventurança, portanto, não é algo incriado.

Digo em resposta que, como colocado anteriormente, o fim é considerado de duas maneiras. De uma maneira, aquilo mesmo que desejamos alcançar, assim como o dinheiro é o fim para o avaro. De outra maneira, a própria obtenção ou posse, ou uso ou fruição daquilo que é desejado, como se disséssemos que a posse do dinheiro é o fim do avaro e fruir algo prazeroso é o fim do imoderado. Assim, do primeiro modo, o propósito final do ser humano é um bem incriado – a saber, Deus, que, sozinho, pode, com sua infinita bondade, preencher completamente a vontade do ser humano. Já do segundo modo, o propósito final do ser humano é algo criado, existente nele mesmo, que nada mais é do que a obtenção ou a fruição do propósito final – e o propósito final se chama "bem-aventurança". Se, portanto, a bem-aventurança do ser humano for considerada quanto à causa ou ao objeto, ela será algo incriado; se, por outro lado, for considerada quanto à própria essência da bem-aventurança, ela será algo criado.

Quanto à primeira objeção, deve-se dizer que Deus é a bem-aventurança por sua própria essência, pois não é pela obtenção de um elemento diferente ou pela participação em um elemento diferente que Ele é beato, mas por conta de sua própria essência. Os seres humanos, porém, são bem-aventurados, como diz, no mesmo lugar, Boécio, pela participação, do mesmo modo que são considerados deuses por participação. Já a própria participação na bem-aventurança, segundo o que o ser humano é considerado bem-aventurado, é algo criado.

Quanto à segunda objeção, deve-se dizer que a bem-aventurança é considerada o bem supremo do ser humano por ser a obtenção ou a fruição do bem supremo.

Quanto à terceira objeção, deve-se dizer que a bem-aventurança é considerada o propósito final no sentido de que a obtenção do fim é considerada o fim.

Se for algo criado, a bem-aventurança é uma operação?

Progredimos para o segundo questionamento. Pode parecer que a bem-aventurança não é uma operação, pois diz o Apóstolo em Romanos 6: "vós tendes por vosso fruto a santificação, e por propósito a vida eterna". A vida, no entanto, não é uma operação, mas o próprio ser daquilo que vive. O propósito final, que é a bem-aventurança, não é, pois, uma operação.

Além disso, Boécio diz, no terceiro livro de *A consolação da filosofia*, que a bem-aventurança é um estado tornado perfeito pela agregação de todos os bens, mas com "estado" não se nomeia uma operação; portanto, a bem-aventurança não é uma operação.

Além do mais, a bem-aventurança significa algo existente em quem é bem-aventurado, já que é a última perfeição do ser humano, mas uma operação não significa algo existente naquele que opera, e sim algo procedente dele. A bem-aventurança, portanto, não é uma operação.

Ademais, a bem-aventurança permanece no bem-aventurado, enquanto a operação não permanece, mas passa; portanto a bem-aventurança não é uma operação.

Outrossim, só há uma bem-aventurança para um único homem, enquanto as operações são muitas. A bem-aventurança, portanto, não é uma operação.

A bem-aventurança, ainda, existe no bem-aventurado sem interrupções, mas uma operação humana frequentemente é interrompida, como, por exemplo, pelo sono, por alguma outra ocupação ou pelo descanso. A bem-aventurança, portanto, não é uma operação.

Por outro lado, há o que diz o Filósofo, no primeiro livro da *Ética a Nicômaco*, isto é, que a felicidade é uma operação de acordo com uma virtude perfeita.

Digo em resposta que, conforme a bem-aventurança do ser humano é algo criado e existente nele mesmo, é necessário afirmar que a bem-aventurança do ser humano é uma operação, pois a bem-aventurança é a última perfeição do ser humano. É que cada elemento é perfeito na medida em que está em ato, pois a potência sem ato é imperfeita. Convém, portanto, que a bem-aventurança consista no último ato do ser humano, todavia fica claro que a operação é o último ato de quem opera, que, consequentemente, é nomeado "ato segundo" pelo Filósofo, no segundo livro *Sobre a alma*, pois o que tem forma pode estar na potência de operar, assim como aquele que sabe está na potência de considerar. Disso decorre que, em outros contextos, cada elemento é dito existir por causa de sua própria operação, como se afirma no segundo livro *Sobre o céu*. Necessariamente, portanto, a bem-aventurança do ser humano é uma operação.

Quanto à primeira objeção, deve-se dizer que a vida é considerada de duas maneiras. Primeiro, é o próprio existir de quem vive – e, assim, a bem-aventurança não é a vida, pois foi mostrado que a existência de um único ser humano, qualquer que seja ela, não é a bem-aventurança do ser humano; pois somente a bem-aventurança de Deus é o seu próprio existir. Segundo, a vida é a própria operação de quem vive, segundo a qual o princípio da vida é levado ao ato – e, assim, denominamos a vida ativa, contemplativa ou voluptuosa. Desse modo, a vida eterna é considerada o propósito final, o que fica claro por aquilo que se diz em João 17: "esta é a vida eterna, que conheçam a ti, o único Deus verdadeiro".

Quanto à segunda objeção, deve-se dizer que Boécio, ao definir a bem-aventurança, considerou a própria natureza comum da bem-aventurança, pois a natureza comum da bem-aventurança é que ela seja um bem comum perfeito, e indicou isso quando afirmou que ela é um estado tornado perfeito pela agregação de todos os bens, com o que nada mais se indica senão que o bem-aventurado está em um estado de bem perfeito. Aristóteles, no entanto, expressou a própria essência da bem-aventurança mostrando pelo que o ser humano está nesse estado, porque se dá por certa operação. Por isso, no primeiro livro da *Ética a*

Nicômaco, ele mesmo mostrou também que a bem-aventurança é um bem perfeito.

Quanto à terceira objeção, deve-se dizer que, como se afirma no nono livro da *Metafísica*, a ação é dupla: uma é a que procede de quem opera para uma matéria exterior, como queimar e cortar (e tal operação não pode ser a bem-aventurança, pois tal operação não é ação e perfeição de quem age, e sim de quem sofre, como dito na mesma passagem); outra é a ação que permanece naquele mesmo que opera, como sentir, compreender e querer (e uma ação dessa é perfeição e ato de quem age; tal operação pode ser a bem-aventurança).

Quanto à quarta objeção, deve-se dizer que, como a bem-aventurança significa alguma última perfeição, de acordo com o fato de que diversos elementos capazes de alcançar a bem-aventurança podem atingir diferentes níveis de perfeição, é necessário que a bem-aventurança seja considerada de diversas maneiras. Em Deus está a bem-aventurança por essência, porque o próprio existir dele é sua operação, pela qual não desfruta de outro, mas de si mesmo. Já nos anjos bem-aventurados está a última perfeição segundo alguma operação, pela qual se unem ao bem incriado, e essa operação neles é única e sempiterna. Por fim, nos seres humanos, de acordo com o estado da presente vida, está a última perfeição segundo a operação pela qual o ser humano se une a Deus, mas essa operação não pode ser contínua nem, consequentemente, única, porque a operação se multiplica por descontinuidade. Por isso, no estado da presente vida, a bem-aventurança perfeita não pode ser possuída pelo ser humano. Assim sendo, o Filósofo, no primeiro livro da *Ética a Nicômaco*, colocando a bem-aventurança do ser humano nesta vida, afirma que ela é imperfeita, concluindo, depois de discutir bastante, que chamamos os seres humanos de bem-aventurados enquanto seres humanos, mas está prometida a nós por Deus a bem-aventurança perfeita, quando formos como os anjos no céu, como está dito em Mateus 22.

Quanto àquela bem-aventurança perfeita, portanto, a objeção falha, porque, por uma única, contínua e sempiterna operação, naquele estado de bem-aventurança, a mente do ser humano se unirá a Deus, mas, na presente vida, na medida em que estamos aquém da unidade e da continuidade de tal operação, ficamos aquém da bem-aventurança perfeita. Há, porém, alguma participação na bem-aventurança, e tanto maior quanto a operação puder ser mais contínua e coesa. Por isso, na vida ativa, que se ocupa de muitos elementos, há menos da natureza da bem-aventurança do que na vida contemplativa, que se volta para um elemento apenas, ou seja, para a contemplação da verdade. Se, em algum momento, o ser humano não realizar essa operação em ato, ainda assim, como a tem sempre pronta para operar e como ele ordena a própria cessação – como do sono ou de uma ocupação de algo natural –, para a operação predita é como se parecesse que a operação é contínua.

A bem-aventurança é uma operação da parte sensível ou apenas da intelectual?

Progredimos para o terceiro questionamento. Pode parecer que a bem-aventurança consiste também em uma operação dos sentidos, pois não se acha no ser humano uma operação mais nobre do que a operação sensitiva, a não ser a intelectiva, mas esta, em nós, depende da operação sensitiva, porque não podemos entender sem uma imagem, como se afirma no terceiro livro *Sobre a alma*. A bem-aventurança, portanto, consiste também na operação sensitiva.

Além disso, Boécio diz, no terceiro livro de *A consolação da filosofia*, que a bem-aventurança é o estado tornado perfeito pela agregação de todos os bens, mas alguns bens são sensíveis, porque os alcançamos por uma operação dos sentidos. Parece, pois, que a operação dos sentidos é necessária para a bem-aventurança.

Além do mais, a bem-aventurança é um bem perfeito, como provado no primeiro livro da *Ética a Nicômaco*. E não seria se o ser humano não se tornasse perfeito por meio dela de acordo com todas as suas partes, mas, por meio de operações sensitivas, algumas partes da alma tornam-se perfeitas. A operação sensitiva, portanto, é necessária para a bem-aventurança.

Por outro lado, os animais irracionais são partícipes conosco das operações sensitivas; todavia não na bem-aventurança. A bem-aventurança, portanto, não consiste em uma operação sensitiva.

Digo em resposta que algo pode pertencer à bem-aventurança de três maneiras: essencialmente, antecedentemente ou consequentemente. Essencialmente, a operação dos sentidos não pode pertencer à bem-aventurança, pois a bem-aventurança do ser humano consiste essencialmente em sua união com um bem incriado, que é o propósito final – como se demonstrou anteriormente –, com o qual o ser humano não pode se unir por meio da operação dos sentidos. De modo semelhante, também porque – como demonstrado – a bem-aventurança do ser humano não consiste em bens corpóreos, os quais somente alcançamos por meio da operação dos sentidos.

As operações dos sentidos podem pertencer à bem-aventurança antecedentemente e consequentemente. Antecedentemente, com relação à bem-aventurança imperfeita, tal qual se pode ter na presente vida, pois a operação do intelecto demanda a operação dos sentidos prévia. Consequentemente, naquela bem-aventurança perfeita que se espera no céu, porque, depois da ressurreição, a partir da própria bem-aventurança da alma – como afirma Santo Agostinho na carta a Dióscoro –, surgirá certa refluência no corpo e nos sentidos corpóreos, para que se tornem perfeitos em suas operações – posteriormente, ficará mais claro, quando se falar da ressurreição. Então, no entanto, a operação pela qual a mente humana se une a Deus não dependerá dos sentidos.

Quanto à primeira objeção, deve-se dizer que ela prova que a operação dos sentidos é requerida antecedentemente para a bem-aventurança perfeita, tal qual se pode ter na presente vida.

Quanto à segunda objeção, deve-se dizer que a bem-aventurança perfeita, tal qual possuem os anjos, tem uma agregação de todos os bens por meio da união com a fonte universal de todo o bem – não que necessite de cada um dos bens particulares. Naquela bem-aventurança imperfeita, no entanto, é necessária uma agregação dos bens suficientes à perfeitíssima operação desta vida.

Quanto à terceira objeção, deve-se dizer que todo o ser humano se faz perfeito na bem-aventurança perfeita, mas na parte inferior por meio de uma redundância a partir da superior. Na bem-aventurança imperfeita da presente vida, porém, acontece o contrário: a partir da perfeição da parte inferior avança-se em direção à perfeição da superior.

Se for uma operação da parte intelectual, trata-se de uma operação do intelecto ou da vontade?

Progredimos para o quarto questionamento. Pode parecer que a bem-aventurança consiste em um ato da vontade, pois afirma Santo Agostinho (no décimo nono livro de *A cidade de Deus*) que a bem-aventurança do ser humano consiste na paz; daí em Salmos 147: "aquele que colocou a paz em teus fins". A paz, porém, pertence à vontade. A bem-aventurança do ser humano, portanto, consiste na vontade.

Além disso, a bem-aventurança é o bem supremo, mas o bem é objeto da vontade; portanto, a bem-aventurança consiste na operação da vontade.

Além do mais, o propósito final responde ao primeiro movente, assim como o propósito final do exército todo é a vitória, a qual é o fim do general, que move a todos, mas o primeiro movente para operar é a vontade, porque move outras forças, como se discutirá posteriormente. A bem-aventurança, portanto, pertence à vontade.

Ademais, se a bem-aventurança é alguma operação, é forçoso que seja a mais nobre das operações do ser humano, mas uma operação mais nobre que a compreensão – a qual é uma operação do intelecto – é a afeição por Deus, a qual é um ato da vontade, como fica claro por aquilo que afirma o Apóstolo na Primeira Carta aos Coríntios. Parece, pois, que a bem-aventurança consiste em um ato da vontade.

Outrossim, Santo Agostinho diz, no décimo terceiro livro de *A Trindade*, que bem-aventurado é aquele que possui tudo o que deseja e não deseja mal a nada. Um pouco depois, ajunta que se aproxima de um bem-aventurado aquele que quer bem a tudo o que deseja, pois os bens tornam alguém bem-aventurado, bens dos quais ele já possui algo – ou seja, a própria boa vontade. A bem-aventurança, portanto, consiste em um ato da vontade.

Por outro lado, há o que diz o Senhor em João 17: "esta é a vida eterna, para que conheçam a ti, o único Deus verdadeiro". A vida eterna, ainda, é o propósito final, como já dito; portanto, a bem-aventurança do ser humano consiste na compreensão de Deus, a qual é um ato do intelecto.

Digo em resposta que dois elementos, como exposto anteriormente, são necessários para a bem-aventurança: um que é a essência da bem-aventurança; outro que é, como que por si mesmo, acidente dela, ou seja, o deleite conectado com ela. Digo, pois, que, quanto àquilo que a bem-aventurança é essencialmente, é impossível que consista em um ato da vontade, pois, com base nas premissas, fica evidente que a bem-aventurança é a consecução do propósito final. A consecução do fim, porém, não consiste no próprio ato da vontade, pois a vontade é dirigida ao fim, tanto ausente, quando deseja a si mesmo, quanto presente, quando se deleita repousando nele mesmo. Fica evidente, porém, que o próprio desejo pelo fim não é a consecução do fim, mas é um movimento em direção ao fim. Já o deleite advém à vontade pelo fato de o fim estar presente, e não o contrário, de algo se tornar presente porque a vontade se deleite nele. Deve haver, portanto, algo além do ato da vontade, pelo qual o fim se torna presente para aquele que deseja.

Evidentemente, isso se dá acerca dos fins sensíveis. É que, se conseguir dinheiro se desse por um ato da vontade, imediatamente desde o início o desejoso conseguiria dinheiro quando quisesse tê-lo; mas, de início, na realidade, o dinheiro está ausente para ele, contudo o obtém agarrando-o com a mão ou de algum outro modo; e, então, deleita-se no dinheiro conseguido. Assim, portanto, ocorre em relação ao fim inteligível, pois, de início, desejamos alcançar o fim inteligível, mas o alcançamos pelo fato de ele se tornar presente para nós por meio de um ato do intelecto; e, então, a vontade deleitada repousa no fim já alcançado.

Desse modo, portanto, a essência da bem-aventurança consiste em um ato do intelecto, mas o deleite que obtém a bem-aventurança pertence à vontade. Isso de acordo com o que afirma Santo Agostinho no décimo livro das *Confissões*; isto é, que a bem-aventurança é uma alegria de verdade, pois a própria alegria é a consumação da bem-aventurança.

Quanto à primeira objeção, portanto, deve-se dizer que a paz pertence ao propósito final do ser humano, não como se fosse essencialmente a própria bem-aventurança, mas tem relação com ela antecedentemente e consequentemente. Antecedentemente, por um lado, na medida em que já foram removidos todos os elementos perturbadores que impedem o propósito final. Por outro lado, consequentemente, na medida em que o ser humano, alcançado o propósito final, permanece em paz, com seu desejo apaziguado.

Quanto à segunda objeção, deve-se dizer que o primeiro objeto da vontade não é seu ato, assim como a visão não é o primeiro objeto de ver, mas aquilo que é visível. A partir disso, considerando-se que a bem-aventurança pertence à vontade enquanto seu primeiro objeto, segue-se que a bem-aventurança não pertence à vontade como seu ato.

Quanto à terceira objeção, deve-se dizer que o intelecto apreende o fim antes da vontade; todavia o movimento para o fim inicia-se na vontade; e, portanto, à vontade é atribuído aquilo que, finalmente, decorre da consecução do fim, ou seja, o deleite ou a fruição.

Quanto à quarta objeção, deve-se dizer que a afeição se sobressai ao conhecimento no mover-se, mas o conhecimento é anterior ao amor no alcançar, pois não se ama se não se conhece, como afirma Santo Agostinho no décimo livro de *A Trindade*; e, portanto, primeiro alcançamos o fim inteligível por meio da ação do intelecto, assim como alcançamos o fim sensível por meio da ação dos sentidos.

Quanto à quinta objeção, deve-se dizer que aquele que possui tudo o que quer é bem-aventurado pelo fato de possuir aquilo que deseja, o que se dá por um fator diferente do ato da vontade, mas desejar mal a nada é necessário para a bem-aventurança como certa disposição adequada para ela. A boa vontade está colocada entre os bens que tornam alguém bem-aventurado, na medida em que é uma inclinação em si mesma, assim como o movimento é classificado segundo a categoria de seu termo, como a alteração pertence à qualidade.

Se for uma operação do intelecto, trata-se de uma operação do intelecto especulativo ou prático?

Progredimos para o quinto questionamento. Pode parecer que a bem-aventurança consiste em uma operação do intelecto prático, pois o propósito final de qualquer criatura consiste em assemelhar-se a Deus, mas o ser humano melhor se assemelha a Deus por meio do intelecto prático – que é a causa dos elementos entendidos – do que por meio do intelecto especulativo – cujo conhecimento advém daquilo que existe. A bem-aventurança do ser humano, portanto, consiste em uma operação mais do intelecto prático do que do intelecto especulativo.

Além disso, a bem-aventurança é o bem perfeito do ser humano, mas o intelecto prático é mais orientado para o bem do que o especulativo, que é orientado para a verdade. A partir disso, no que se refere à perfeição do intelecto prático, somos considerados bons não de acordo com a perfeição do intelecto especulativo, mas, de acordo com ela, somos considerados conhecedores ou inteligentes. A bem-aventurança do ser humano, portanto, consiste mais em um ato do intelecto prático do que em um ato do intelecto especulativo.

Além do mais, a bem-aventurança é algum bem do próprio ser humano, mas o intelecto especulativo ocupa-se melhor daquilo que está fora do ser humano, enquanto o intelecto prático ocupa-se daquilo que é próprio do ser humano, ou seja, de suas operações e de suas paixões.

A bem-aventurança do ser humano, portanto, consiste em uma operação mais do intelecto prático do que do intelecto especulativo.

Por outro lado, existe o que afirma Santo Agostinho no primeiro livro de *A Trindade*: "a contemplação está prometida para nós como fim de todas as ações e eterna perfeição das alegrias".

Digo em resposta que a bem-aventurança consiste em uma operação mais do intelecto especulativo do que do prático; e isso fica evidente por três razões. Primeiro, pelo fato de que, se a bem-aventurança do ser humano é uma operação, é forçoso que seja a melhor de todas as operações do ser humano; e a melhor de todas as operações do ser humano é a da melhor potência em relação ao melhor objeto – a melhor potência é o intelecto, cujo melhor objeto é o bem divino, o qual, por sua vez, não é objeto do intelecto prático, mas do especulativo. A partir disso, é em tal operação – isto é, na contemplação do que é divino – que consiste principalmente a bem-aventurança. Além disso, como cada um parece ser aquilo que é o melhor em si, como se afirma no nono e no décimo livro da *Ética a Nicômaco*, tal operação, portanto, é a mais própria do ser humano e a mais prazerosa para ele.

Segundo, o mesmo é evidente pelo fato de que a contemplação é principalmente buscada por causa de si mesma, ao passo que o ato do intelecto prático não é buscado por causa de si mesmo, mas por causa da ação. Inclusive, as próprias ações estão orientadas para certo fim. Consequentemente, está claro que o propósito final não pode consistir na vida ativa, a qual pertence ao intelecto prático.

A terceira razão é que o mesmo é evidente pelo fato de que, na vida contemplativa, o ser humano se aproxima de superiores, ou seja, de Deus e dos anjos, aos quais se assemelha por meio da bem-aventurança. Por outro lado, naquilo que pertence à vida ativa, outros animais também têm, de certa forma, algo em comum com o ser humano, embora de maneira imperfeita.

Por isso, a última e perfeita bem-aventurança, que é esperada na vida futura, consiste toda ela na contemplação, enquanto a bem-aventurança imperfeita, tal qual se pode ter aqui, primeira e principalmente consiste na contemplação, mas, secundariamente, na operação do intelecto prático orientando ações e paixões humanas, como se afirma no décimo livro da *Ética a Nicômaco*.

Quanto à primeira objeção, portanto, deve-se dizer que a semelhança mencionada do intelecto prático com Deus dá-se segundo uma proporcionalidade, porque ele tem relação com seu próprio conhecimento da mesma maneira que Deus com o seu. A semelhança do intelecto especulativo com Deus, porém, dá-se segundo união e informação, e essa é uma semelhança muito maior. Pode-se dizer, ainda, que, quanto ao conhecimento principal, que é sua essência, Deus não tem conhecimento prático, mas apenas especulativo.

Quanto à segunda objeção, deve-se dizer que o intelecto prático é orientado para o bem que está fora dele, mas o intelecto especulativo contém um bem em si mesmo, qual seja a contemplação da verdade. Se aquele bem for perfeito, com ele o ser humano todo se aperfeiçoa e se torna bom, o que, de fato, o intelecto prático não tem, mas orienta para isso.

Quanto à terceira objeção, deve-se dizer que tal raciocínio seria procedente se o próprio ser humano fosse seu propósito final, pois, então, a consideração e a orientação dos atos e das paixões seriam a bem-aventurança dele. Como, porém, o propósito final do ser humano é algum bem extrínseco – isto é, Deus, a quem alcançamos por uma operação do intelecto especulativo –, assim a bem-aventurança do ser humano consiste mais em uma operação do intelecto especulativo do que em uma operação do intelecto prático.

Se for uma operação do intelecto especulativo, a bem-aventurança consiste na especulação das ciências especulativas?

Progredimos para o sexto questionamento. Pode parecer que a bem-aventurança do ser humano consiste na consideração das ciências especulativas, pois o Filósofo diz, na *Ética a Nicômaco*, que a felicidade é uma operação segundo uma virtude perfeita. Além disso, ao distinguir as virtudes, não coloca mais do que três: conhecimento, sabedoria e intelecto – e todas as três pertencem à consideração das ciências especulativas. A última bem-aventurança do ser humano, portanto, consiste na consideração das ciências especulativas.

Além disso, parece ser a última bem-aventurança do ser humano aquilo que é desejado por todos por causa de si mesmo, mas, assim, trata-se da consideração das ciências especulativas, porque, como se afirma no primeiro livro da *Metafísica*, todos os seres humanos naturalmente desejam ter conhecimento. Logo depois, acrescenta-se que as ciências especulativas são buscadas por causa de si mesmas. É na consideração das ciências especulativas, portanto, que a bem-aventurança consiste.

Além do mais, a bem-aventurança do ser humano é a perfeição última. É que tudo se torna perfeito de acordo com aquilo que é conduzido da potência para o ato, e o intelecto humano é conduzido para o ato por meio da consideração das ciências especulativas. Parece, pois, que na consideração nesses moldes consiste a última bem-aventurança do ser humano.

Por outro lado, deve-se considerar o que se afirma em Jeremias 9: "que o sábio não se vanglorie em sua sabedoria" – e isso é dito quanto à sabedoria das ciências especulativas; portanto, não é na consideração delas que consiste a última bem-aventurança do ser humano.

Digo em resposta que, como colocado anteriormente, a bem-aventurança do ser humano é dupla: uma é a perfeita, outra é a imperfeita. Convém compreender, no entanto, que a bem-aventurança perfeita é aquela que atinge a verdadeira natureza da bem-aventurança, enquanto a imperfeita é aquela que não atinge, mas é partícipe de certa semelhança particular com a bem-aventurança. Do mesmo modo, a prudência perfeita é encontrada no ser humano, com quem está a razão daquilo que está para ser feito, e a prudência imperfeita está em alguns animais irracionais, nos quais existem certos instintos particulares para certas obras semelhantes às obras da prudência.

Por isso, a bem-aventurança perfeita não pode consistir essencialmente na consideração das ciências especulativas. Para se provar isso, deve-se atentar para o fato de que a consideração de uma ciência especulativa não se estende para além da virtude dos princípios dessa ciência, porque todo o conhecimento está virtualmente contido nos princípios da ciência. Os primeiros princípios das ciências especulativas são recebidos pelos sentidos, como fica claro pelo que afirma o Filósofo no início da *Metafísica* e no final dos *Analíticos posteriores*. Consequentemente, toda a consideração das ciências especulativas não pode ser estendida para além do que o conhecimento do que é sensível pode conduzir. Agora, a última bem-aventurança do ser humano, que é sua perfeição última, não pode consistir no conhecimento do que é sensível, pois nada se torna perfeito com algo inferior, a não ser conforme o fato de que o inferior tem alguma participação daquilo que é superior. Claramente, a forma de uma pedra (ou de qualquer elemento sensível) é inferior ao ser humano, do que decorre que o intelecto não se torna perfeito por meio da forma de uma pedra enquanto tal forma, mas na medida em que nela existe alguma semelhança com algo que está acima do intelecto humano, ou seja, uma luz inteligível ou algo desse tipo. Tudo, porém, o que se dá por meio de outro é reduzido ao que é por si mesmo; então, forçosamente, a perfeição última do ser humano dá-se por meio do conhecimento de algum elemento que esteja acima do intelecto humano. Ficou demonstrado, todavia, que não se pode chegar ao conhecimento das substâncias separadas, que estão acima do intelecto humano, por meio daquilo que é sensível. Resta, então, que a última bem-aventurança do ser humano não pode estar na consideração das ciências especulativas; no entanto, assim como há nas formas sensíveis alguma semelhança com as substâncias superiores, a consideração das ciências especulativas é determinada participação da verdadeira e perfeita bem-aventurança.

Quanto à primeira objeção, deve-se dizer que o Filósofo fala no livro das éticas a respeito da felicidade imperfeita, à maneira do que se pode possuir nesta vida, como discutido anteriormente.

Quanto à segunda objeção, deve-se dizer que se deseja naturalmente não apenas a bem-aventurança perfeita, mas também qualquer que seja a semelhança com ela ou a participação dela.

Quanto à terceira objeção, deve-se dizer que, por meio da consideração das ciências especulativas, nosso intelecto é conduzido de alguma forma para o ato, porém não para o último e completo.

A bem-aventurança consiste na especulação das substâncias separadas, ou seja, dos anjos?

Progredimos para o sétimo questionamento. Pode parecer que a bem-aventurança do ser humano consiste no conhecimento das substâncias separadas: isto é, dos anjos. É que São Gregório Magno diz, em certa homilia, que em nada ajuda estar em festas humanas se não ocorrer de estar em festas angelicais – com isso, ele designa a bem-aventurança final. Podemos, porém, estar em festas de anjos por meio da contemplação deles. Parece, pois, que a última bem-aventurança do ser humano consiste na contemplação dos anjos.

Além disso, a perfeição última de qualquer elemento é que se una com seu princípio, o que leva o círculo a ser considerado uma figura perfeita por ter no mesmo ponto o início e o fim, mas o princípio do conhecimento humano vem dos próprios anjos, por meio dos quais os seres humanos iluminam-se, como afirma São Dionísio no sexto capítulo de *A hierarquia celeste*. A perfeição do intelecto humano, portanto, está na contemplação dos anjos.

Além do mais, cada natureza é perfeita quando se une a uma natureza superior, assim como a perfeição última do corpo é que seja unido à natureza espiritual, mas, na ordem da natureza, os anjos estão acima do intelecto humano. A perfeição última do intelecto humano é, pois, que seja unido aos anjos por meio da contemplação.

Por outro lado, considere-se o que se afirma em Jeremias 9: "quem se vangloriar, que se vanglorie em me conhecer e me entender". A última glória do ser humano (ou bem-aventurança), portanto, não consiste senão no conhecimento de Deus.

Digo em resposta que, como discutido, a perfeita bem-aventurança do ser humano não consiste naquilo que é a perfeição do intelecto segundo participação em algo, mas naquilo que é tal por essência. É evidente, porém, que cada elemento é a perfeição de alguma potência tanto quanto a natureza do próprio objeto dessa potência pertence ao elemento. E o próprio objeto do intelecto é a verdade; portanto, o que quer que tenha verdade participada não torna perfeito o intelecto contemplado com a perfeição final. Porque a disposição dos elementos seja a mesma no existir e na verdade, como se afirma no segundo livro da *Metafísica*, quaisquer que sejam os entes por participação são verdadeiros por participação. Os anjos, porém, têm o existir participado, porque só o existir de Deus é sua essência, como ficou demonstrado na primeira parte. Consequentemente, resta que somente Deus é a verdade por essência e que a contemplação dele torna alguém perfeitamente bem-aventurado. Nada impede, porém, que alguma bem-aventurança imperfeita seja encontrada na contemplação dos anjos; e o mesmo até para uma bem-aventurança mais elevada do que na contemplação das ciências especulativas.

Quanto à primeira objeção, deve-se dizer que estaremos presentes em festas de anjos não apenas ao contemplarmos a eles mesmos, mas também ao, junto a eles, contemplarmos a Deus.

Quanto à segunda objeção, deve-se dizer que, conforme aqueles que defendem que as almas humanas são criadas pelos anjos, parece suficientemente conveniente que a bem-aventurança do ser humano esteja na contemplação dos anjos, como que na união com seu princípio, mas isso está errado, como dito na primeira parte. Disso decorre que a perfeição última do intelecto humano dá-se pela união com Deus, que é o primeiro princípio tanto da criação da alma quanto de sua iluminação. Já o anjo ilumina como um ministro, como está colocado na primeira parte. Consequentemente, por seu ministério, ajuda o ser humano a chegar à bem-aventurança; não é, porém, o objeto da bem-aventurança humana.

Quanto à terceira objeção, deve-se dizer que se alcança uma natureza superior a partir de uma inferior de duas maneiras. O primeiro modo é segundo o grau da potência participante; assim a perfeição última do ser humano estará naquilo que o ser humano alcançará para contemplar como os anjos contemplam. O outro modo é da maneira como o objeto é alcançado pela potência; assim a perfeição última de qualquer potência é que alcance aquilo em que se encontra plenamente a razão de seu objeto.

A bem-aventurança consiste na pura contemplação de Deus, pela qual Ele é visto em sua essência?

Progredimos para o oitavo questionamento. Pode parecer que a bem-aventurança do ser humano não esteja na visão da própria essência divina, pois afirma São Dionísio, no primeiro capítulo de *Teologia mística*: "o ser humano se une a Deus, como a algo totalmente desconhecido, por meio daquilo que é o supremo do intelecto". Aquilo, no entanto, que é visto pela essência não é totalmente desconhecido. A perfeição última do intelecto (bem-aventurança), portanto, não consiste no fato de Deus ser visto pela essência.

Além disso, uma perfeição maior é de uma natureza mais elevada, mas essa é a perfeição própria do intelecto divino: ver sua própria essência. A perfeição última do intelecto humano, portanto, não alcança isso, mas subsiste em um nível inferior.

Por outro lado, existe o que se diz em 1 João: "quando aparecer, seremos semelhantes a Ele e o veremos como Ele é".

Digo em resposta que a última e perfeita bem-aventurança não pode estar senão na visão da essência divina, o que fica evidente ao se considerarem dois pontos. O primeiro é que o ser humano não é perfeitamente bem-aventurado enquanto restar em si algo sendo desejado e buscado. O segundo ponto é que a perfeição de qualquer potência que seja é determinada de acordo com a natureza de seu objeto. E o objeto do intelecto é aquilo que é, ou seja, a essência do elemento, como se afirma no terceiro livro *Sobre a alma*. Consequentemente, avança a perfeição do intelecto tanto quanto conhece a essência de algo. Se, portanto, algum intelecto conhecer a essência de algum efeito, pela qual não se pode conhecer a essência da causa, isto é, conhecer da causa o que é, não se considera que o intelecto alcança a causa de maneira simples, embora, pelo efeito, possa conhecer da causa se é. Assim, portanto, o desejo naturalmente permanece no ser humano, ao conhecer o efeito e saber que ele tem causa, para inclusive saber da causa o que é; e esse desejo é de admiração e causa investigação, como se afirma no início da *Metafísica*. Por exemplo, se alguém conhecendo o eclipse do Sol considera que advenha de alguma causa, admira-se dela, porque não sabe o que é, e da admiração passa à investigação, e tal investigação não se acalma até que chegue a conhecer a essência da causa.

Se, portanto, o intelecto humano – conhecendo a essência de algum efeito criado – não conhecer de Deus senão se existe, a perfeição dele ainda não alcança a causa primeira de maneira simples, mas permanece nele o desejo natural de investigar a causa; consequentemente, ainda não é perfeitamente bem-aventurado. Para a perfeita bem-aventurança, portanto, requer-se que o intelecto alcance a própria essência da causa primeira; e assim terá sua perfeição por meio da união com Deus como com o objeto, no qual somente a bem-aventurança do ser humano consiste, como dito anteriormente.

Quanto à primeira objeção, deve-se dizer que São Dionísio fala do conhecimento daqueles que estão na jornada em direção à bem-aventurança.

Quanto à segunda objeção, deve-se dizer que – como colocado anteriormente – o fim pode ser entendido de duas maneiras. Primeiro, em relação ao próprio elemento que é desejado; e, desse modo, o fim é o mesmo para a natureza superior e para a natureza inferior; quer dizer, de tudo o que existe, como dito anteriormente. Segundo, em relação à consecução desse elemento; e assim o fim da natureza superior é diferente do fim da natureza inferior de acordo com a diferente relação com tal elemento. A bem-aventurança de Deus, que compreende sua essência pelo intelecto, portanto, é mais elevada do que a do ser humano ou a do anjo que vê e não compreende.

O que é requerido para a bem-aventurança

Agora, deve-se considerar aquilo que é exigido para a bem-aventurança; e sobre isso levantam-se oito questionamentos.

- Primeiro: O deleite é requerido para a bem-aventurança?
- Segundo: O que é mais fundamental na bem-aventurança, o deleite ou a visão?
- Terceiro: A compreensão é requerida?
- Quarto: É requerida a retidão da vontade?
- Quinto: Para a bem-aventurança do ser humano é requerido o corpo?
- Sexto: A perfeição do corpo é requerida?
- Sétimo: Algum bem exterior é requerido?
- Oitavo: É requerido um agrupamento de amigos?

O deleite é requerido para a bem-aventurança?

Progredimos para o primeiro questionamento. Pode parecer que o deleite não seja requerido para a bem-aventurança, pois afirma Santo Agostinho, no primeiro livro *Sobre a Trindade*, que a visão é toda a recompensa da fé, mas aquilo que é o prêmio ou a recompensa da virtude é a bem-aventurança, como fica claro pelo que afirma o Filósofo no primeiro livro da *Ética a Nicômaco*. Assim, nada além da visão é requerido para a bem-aventurança.

Além disso, a bem-aventurança é, por si mesma, um bem mais do que suficiente, como afirma o Filósofo no primeiro livro da *Ética a Nicômaco*. Aquilo, porém, que necessita de outro elemento não é suficiente por si só. Como, portanto, a essência da bem-aventurança consiste na visão de Deus, como já demonstrado, parece que o deleite não é requerido para a bem-aventurança.

Além do mais, convém que a operação da felicidade ou da bem-aventurança não seja impedida, como se apresenta no sétimo livro da *Ética a Nicômaco*, mas o deleite impede a ação do intelecto, pois corrompe a avaliação da prudência, como está colocado no sexto livro da mesma obra; portanto, o deleite não é requerido para a bem-aventurança.

Por outro lado, é bom considerar aquilo que diz Santo Agostinho no décimo livro das *Confissões*, isto é, que a bem-aventurança é a alegria de verdade.

Digo em resposta que são quatro as maneiras pelas quais um elemento é requerido para outro. Primeiro como um preâmbulo ou uma preparação para ele: a disciplina é requirida para o conhecimento, por exemplo. Segundo como algo que torna completo: a alma é requerida para a vida do corpo, por exemplo. Uma terceira maneira é a de um coadjuvante externo, assim como amigos são requeridos para se fazer algo. Em quarto lugar, como algo que acompanha, como dizemos que o calor é requerido para o fogo. Desse modo, o deleite é requerido para a bem-aventurança, pois o deleite é causado pelo fato de que o anseio repousa no bem alcançado. Disso, como a bem-aventurança nada mais é do que a obtenção do bem supremo, não pode haver bem-aventurança sem o deleite que a acompanha.

Quanto à primeira objeção, deve-se dizer que, pelo próprio fato de que a recompensa é dada a alguém, a vontade da pessoa que merece repousa, e isso é deleitar-se. Assim, o deleite está incluído no próprio conceito da recompensa dada.

Quanto à segunda objeção, deve-se dizer que o deleite é causado pela própria visão de Deus. Consequentemente, aquele que vê Deus não pode necessitar do deleite.

Quanto à terceira objeção, deve-se dizer que o deleite que acompanha a operação do intelecto não a impede, mas, na realidade, a fortalece, como se afirma no décimo livro da *Ética a Nicômaco*, pois aquilo que fazemos com deleite, operamos com mais atenção e com mais perseverança. O deleite estranho, no entanto, impede a operação, e, às vezes, pela distração da intenção. É que, como já dito, ficamos mais atentos àquilo em que nos deleitamos; e, enquanto estamos intensamente envolvidos com um elemento, é necessário que a intenção seja retirada por outro. Às vezes, também devido à contrariedade, como o deleite dos sentidos contrário à razão, impede a avaliação da prudência mais do que a avaliação do intelecto especulativo.

O que é mais fundamental na bem--aventurança, o deleite ou a visão?

Progredimos para o segundo questionamento. Pode parecer que o deleite é mais fundamental na bem-aventurança do que a visão, pois o deleite – como se afirma no décimo livro da *Ética a Nicômaco* – é a perfeição da operação, no entanto a perfeição é mais importante do que aquilo que pode se tornar perfeito. O deleite, portanto, é mais importante do que a operação do intelecto, a qual é a visão.

Além disso, é mais importante aquilo por conta do que algo é desejável, mas as operações são desejadas por conta do deleite delas mesmas – a partir disso, a natureza acrescentou deleite às operações necessárias à conservação do indivíduo e da espécie, para que as operações desse tipo não sejam negligenciadas pelos animais. O deleite, portanto, é mais importante na bem-aventurança do que a operação do intelecto, a qual é a visão.

Além do mais, a visão corresponde à fé, enquanto o deleite (ou fruição) corresponde à caridade, mas a caridade é maior que a fé, como o Apóstolo diz na Primeira Carta aos Coríntios (capítulo 13). É, pois, o deleite (ou fruição) mais importante do que a visão.

Por outro lado, a causa tem mais força do que o efeito, mas a visão é a causa do deleite; portanto, a visão é mais importante do que o deleite.

Digo em resposta que essa questão é o que move o Filósofo no décimo livro da *Ética a Nicômaco*, mas ele a deixa sem solução. Se alguém, no entanto, considerá-la com cuidado, necessariamente convém que a operação do intelecto, a qual é a visão, seja mais importante do que o deleite, porque o deleite consiste em certa quietude da vontade; e a vontade não se aquieta em algo senão por conta da bondade daquele em que se aquieta. Então, se a vontade aquietar-se em alguma operação, a quietude da vontade procede da bondade da operação, e a vontade não procura o bem por causa da quietude, pois, desse modo, o próprio ato da vontade seria o fim, o que vai de encontro às premissas dadas. Ela, porém, busca aquietar-se na operação, porque a operação é o bem dela. Consequentemente, fica evidente que o bem mais fundamental é a própria operação na qual se aquieta a vontade, e não a quietude da vontade em si.

Quanto à primeira objeção, deve-se dizer que, assim como afirma o Filósofo no mesmo livro da *Ética*, o deleite torna perfeita a operação do mesmo modo que a juventude é tornada perfeita pelo encanto, o qual é consequência da juventude. Consequentemente, o deleite é alguma perfeição que acompanha a visão, porém não como uma perfeição fazendo que a visão seja perfeita em sua própria espécie.

Quanto à segunda objeção, deve-se dizer que a percepção sensorial não alcança a natureza universal do bem, mas algum bem particular que é deleitável; e, por isso, conforme o desejo sensível, que existe nos animais, buscam-se as operações por causa do deleite. O intelecto, no entanto, apreende a natureza universal do bem, cuja conquista tem como consequência o deleite. Assim, ele visa primordialmente o bem em vez do deleite. É por isso que o intelecto divino – arquiteto da natureza – colocou deleites em função das operações; todavia não se deve estimar algo simplesmente de acordo com a ordem do desejo sensível, e sim de acordo com a ordem do desejo intelectual.

Quanto à terceira objeção, deve-se dizer que a caridade não busca o bem-amado por causa do deleite, mas aquele é uma consequência dela, para que se deleite no bem alcançado que ama; e, assim, o deleite não corresponde a ela como fim, e sim a visão, por meio da qual o fim se torna primeiro presente para ela.

A compreensão é requerida para a bem--aventurança?

Progredimos para o terceiro questionamento. Pode parecer que para a bem-aventurança não se requer compreensão, pois afirma Santo Agostinho, na carta a Paulina, sobre ver a Deus, que alcançar Deus com a mente é uma grande bem-aventurança, no entanto o compreender é impossível. A bem--aventurança, portanto, é sem compreensão.

Além disso, a bem-aventurança é a perfeição do ser humano segundo sua parte intelectual, na qual há outras potências além do intelecto e da vontade, como está colocado na primeira parte, mas o intelecto torna-se suficientemente perfeito por meio da visão de Deus, enquanto a vontade torna-se perfeita por meio do deleite de Deus. A compreensão, portanto, não é requerida tal qual um terceiro elemento.

Além do mais, a bem-aventurança consiste na operação; e as operações são determinadas por seus objetos, os quais, por sua vez, são universalmente dois: a verdade e o bem. A verdade corresponde à visão, e o bem corresponde ao deleite; portanto, não se requer compreensão como se fosse um terceiro elemento.

Por outro lado, existe o que diz o Apóstolo na Primeira Carta aos Coríntios (capítulo 9): "correi a fim de que compreendais". O caminho espiritual, no entanto, encerra-se com a bem-aventurança, e o próprio Apóstolo diz, na Segunda Carta a Timóteo: "lutei uma luta boa, terminei o caminho, conservei a fé; no restante, foi colocada sobre mim a coroa da justiça". A compreensão, portanto, não é requerida para a bem-aventurança.

Digo em resposta que, como a bem-aventurança consiste na conquista do propósito final, aquilo que é requerido para a bem-aventurança deve ser considerado a partir da própria ordem do ser humano em relação ao fim. O ser humano é ordenado para o fim inteligível, em parte pelo intelecto, em parte pela vontade – pelo intelecto na medida em que, no intelecto, preexiste certo conhecimento imperfeito do fim; pela vontade primeiro por amor, o qual é o primeiro movimento da vontade na direção de algo, e, em segundo lugar, pela real relação do amante para o amado, a qual pode ser tripla. É que, às vezes, o amado está presente diante do amante, e então já não é procurado. Por outro lado, há momentos em que não está presente, mas é impossível obtê-lo, e então também não é procurado. Já nas vezes em que é possível obtê-lo, mas está elevado acima da capacidade de quem tenta obter, assim não pode ser imediatamente obtido, e essa é a relação daquilo que espera para aquilo que é esperado, a qual é a única relação que promove a busca pelo fim. A essas três condições correspondem alguns elementos na própria bem-aventurança, pois o conhecimento perfeito do fim corresponde ao imperfeito, mas a presença do próprio fim corresponde à relação da esperança. Por outro lado, o deleite no fim já presente segue a afeição, como já foi apresentado. É necessário, portanto, que para a bem-aventurança concorram esses três elementos – a visão, que é o conhecimento perfeito do fim inteligível; a compreensão, que implica a presença do fim; o deleite (ou fruição), que implica a tranquilidade do amante no amado.

Quanto à primeira objeção, deve-se dizer que a compreensão é considerada de duas maneiras. Primeiro, é a inclusão de quem compreende naquilo que é compreendido, e assim é finito tudo o que é compreendido pelo que é finito. Consequentemente, desse modo, Deus não pode ser compreendido por um intelecto criado. Em segundo lugar, compreensão nomeia nada além da apreensão de um elemento já tido presencialmente, assim como, quando alguém persegue alguém, diz-se que um apreendeu o outro a partir do momento em que o tem nas mãos. Desse modo, a compreensão é requerida para a bem-aventurança.

Quanto à segunda objeção, deve-se dizer que a esperança e o amor pertencem à vontade – porque amar algo é o mesmo que tender para aquilo que não se possui –, assim como tanto a compreensão quanto o deleite pertencem à vontade, porque ter algo é o mesmo que se aquietar nesse algo.

Quanto à terceira objeção, deve-se dizer que a compreensão não é certa operação para além da visão, mas é uma relação para o fim já possuído. Consequentemente, também a própria visão (ou aquilo visto segundo o que está presente) é objeto da compreensão.

A retidão da vontade é requerida para a bem-aventurança?

Progredimos para o quarto questionamento. Pode parecer que a retidão da vontade não é requerida para a bem-aventurança, pois a bem-aventurança consiste essencialmente na operação do intelecto, como foi dito, mas para a perfeita operação do intelecto não se requer a retidão da vontade, por meio da qual os seres humanos são considerados puros, pois afirma Santo Agostinho, no livro *Retratações*: "não aprovo o que disse numa oração, 'Deus, que não quiseste senão os puros para conhecer a verdade', porque se pode responder que até muitos seres humanos não puros conhecem muitas verdades". A retidão da vontade, portanto, não é requerida para a bem-aventurança.

Além disso, o que vem primeiro não depende daquilo que vem depois, mas a operação do intelecto é anterior à operação da vontade; portanto, a bem-aventurança, que é a perfeita operação do intelecto, não depende da retidão da vontade.

Além do mais, aquilo que é ordenado para algo como para um fim não é necessário quando se alcançou o fim, tal qual o navio depois de chegar ao porto, mas a retidão da vontade, que se dá pela virtude, é ordenada para a bem-aventurança como para um fim. Alcançada a bem-aventurança, portanto, a retidão da vontade não é necessária.

Por outro lado, existe o que aparece em Mateus 5: "bem-aventurados aqueles que têm o coração puro, porque eles mesmos verão a Deus". E existe o que aparece em Hebreus 12: "persegui a paz com todos, e não deixeis a santidade, sem a qual ninguém verá a Deus".

Digo em resposta que a retidão da vontade é requerida para a bem-aventurança tanto antecedentemente quanto concomitantemente. Digo que é antecedentemente, porque a retidão da vontade se dá pela devida ordem para o propósito final. O fim, por sua vez, compara-se àquilo que é ordenado para o fim, assim como a forma à matéria. Consequentemente, a matéria não pode alcançar a forma, a menos que esteja devidamente disposta para ela, assim como nada alcança o fim, a menos que esteja devidamente ordenado para ele.

Ninguém, portanto, pode chegar à bem-aventurança, a não ser que tenha a retidão da vontade. Por outro lado, digo que é concomitantemente, porque, como foi discutido, a bem-aventurança última consiste na visão da essência divina, que é a própria essência da bondade. Assim, a vontade de quem vê a essência de Deus, necessariamente, ama o que quer que ame, sob as ordens de Deus; de maneira análoga, a vontade de quem não vê a essência de Deus, necessariamente, ama o que quer que ame, sob o conceito comum de bem que conhece. Isso mesmo é o que faz a vontade ter retidão. Consequentemente, está evidente que a bem-aventurança não pode existir sem vontade correta.

Quanto à primeira objeção, deve-se dizer que Santo Agostinho fala sobre o conhecimento da verdade que não é a própria essência da bondade.

Quanto à segunda objeção, deve-se dizer que todo ato de vontade é precedido por algum ato do intelecto; no entanto um ato de vontade é anterior a um ato do intelecto, pois a vontade tende para o ato final do intelecto, o qual é a bem-aventurança. Por isso, a correta inclinação da vontade é de antemão exigida para a bem-aventurança, assim como para acertar um alvo é primeiro exigido um movimento reto da flecha.

Quanto à terceira objeção, deve-se dizer que nem tudo o que é ordenado para um fim cessa com a chegada do fim, mas apenas aquilo que se relaciona com a natureza da imperfeição, como o movimento. Consequentemente, os instrumentos do movimento não são necessários depois que se chega ao objetivo, no entanto é necessária a devida ordem para o fim.

O corpo é necessário para a bem-aventurança do ser humano?

Progredimos para o quinto questionamento. Pode parecer que, para a bem-aventurança, requer-se o corpo, pois a perfeição da virtude e da graça pressupõe a perfeição da natureza, mas a bem-aventurança é a perfeição da virtude e da graça, enquanto a alma sem o corpo carece da perfeição da natureza, já que é naturalmente parte da natureza humana – e toda parte é imperfeita se estiver separada do todo a que pertence. A alma sem corpo, portanto, não pode ser bem-aventurada.

Além disso, a bem-aventurança é certa operação perfeita, como já dito anteriormente, mas a operação perfeita segue o ser perfeito, porque nada opera a não ser segundo o fato de que é um ser em ato. Como, portanto, a alma não tem o ser perfeito quando está separada do corpo (assim como nenhuma parte ao estar separada do todo), parece que a alma sem corpo não pode ser bem-aventurada.

Além do mais, a bem-aventurança é a perfeição do ser humano, mas a alma sem corpo não é o ser humano; portanto, a bem-aventurança não pode ocorrer na alma sem corpo.

Ademais, de acordo com o Filósofo no sétimo livro da *Ética a Nicômaco*, a operação da felicidade, na qual consiste a bem-aventurança, é não impedida, mas a operação da alma separada é impedida, porque, como afirma Santo Agostinho no décimo segundo livro de *Sobre o significado do Gênesis*, existe nela certo desejo natural de administrar o corpo, desejo pelo qual é de certa forma retardada para que não prossiga com toda a intenção em direção àquele supremo céu – isto é, à visão da essência divina. A alma sem corpo, portanto, não pode ser bem-aventurada.

Outrossim, a bem-aventurança é um bem suficiente e aquieta o anseio, mas isso não se aplica à alma separada, porque ainda deseja a união com o corpo, como Santo Agostinho afirma. Separada do corpo, portanto, a alma não é bem-aventurada.

Aliás, o ser humano, na bem-aventurança, é comparável aos anjos, mas a alma sem corpo não se equipara aos anjos, como afirma Santo Agostinho. Não é, pois, bem-aventurada.

Por outro lado, existe aquilo que está dito em Apocalipse 14: "bem-aventurados os mortos que morrem no Senhor".

Digo em resposta que a bem-aventurança é dupla: uma é imperfeita, que se consegue nesta vida, e a outra é perfeita, que consiste na visão de Deus. Fica evidente que, para a bem-aventurança desta vida, o corpo é necessariamente requerido, pois a bem-aventurança desta vida é a operação do intelecto, ou especulativo ou prático. A operação do intelecto, nesta vida, não pode se dar sem imagem, que não está senão em um órgão do corpo, como colocado na primeira parte.

Assim, a bem-aventurança que se pode obter nesta vida depende de alguma forma do corpo. Já sobre a bem-aventurança perfeita, a qual consiste na visão de Deus, alguns propuseram que ela não pode ocorrer com a alma sem corpo existente, explicando que as almas dos santos separadas dos corpos não chegam àquela bem-aventurança até que venha o dia do juízo, quando recobrarão os corpos. Isso, no entanto, parece ser falso tanto pela autoridade quanto pela razão. Pela autoridade porque o Apóstolo afirma, em 2 Coríntios 5, que estamos ausentes do Senhor pelo tempo em que estamos no corpo; e ele mostra qual é a razão da peregrinação ao acrescentar que caminhamos pela fé, e não pela aparência. Com isso, fica claro que alguém, enquanto caminha pela fé, e não pela aparência, carente da visão da essência divina, ainda não está presente para Deus. Já as almas dos santos separadas dos corpos estão presentes para Deus; e se acrescenta que também ousamos e temos boa vontade de peregrinar para longe do corpo e estar presentes para o Senhor. É evidente, portanto, que as almas dos santos separadas dos corpos caminham por aparência, vendo a essência de Deus, no qual está a verdadeira bem-aventurança.

Isso também fica claro pela razão, pois o intelecto não necessita de corpo para sua operação, a não ser por conta das imagens, nas quais contempla a verdade inteligível, como foi dito na primeira parte. É evidente, no entanto, que a essência divina não pode ser vista por meio de imagens, como foi mostrado na primeira parte. Consequentemente, como a bem-aventurança perfeita do ser humano consiste na visão da essência divina, a bem-aventurança perfeita do ser humano não depende do corpo. Isso posto, a alma pode ser bem-aventurada sem corpo.

Deve-se saber, porém, que algo pertence à perfeição de um elemento de duas maneiras. De um modo, para constituir a essência do elemento, assim como a alma é requerida para a perfeição do ser humano. De outro modo, requer-se para a perfeição de um elemento aquilo que pertence a seu bem-estar, assim como a beleza do corpo e a agilidade do engenho pertencem à perfeição do ser humano. Assim, embora o corpo, pelo primeiro modo, não pertença à perfeição da bem-aventurança humana, pertence pelo segundo modo. É que, como a operação depende da natureza do elemento, quanto mais perfeita for a alma em sua natureza, mais perfeitamente terá sua própria operação (na qual consiste a felicidade). Por isso, Santo Agostinho, no décimo segundo livro de *Sobre o significado do Gênesis*, depois de questionar se aquela bem-aventurança suprema poderia ser oferecida aos espíritos dos defuntos sem corpos, responde que eles não podem ver a substância imutável da maneira como os santos anjos veem, seja por alguma outra causa oculta, seja porque neles existe certo desejo natural de administrar o corpo.

Quanto à primeira objeção, deve-se dizer que a bem-aventurança é a perfeição da alma por parte do intelecto, segundo o qual a alma transcende os órgãos do corpo, mas não no sentido de que é a forma natural do corpo. Por isso, permanece aquela perfeição da natureza, segundo a qual a bem-aventurança é devida à alma, apesar de não permanecer aquela perfeição da natureza segundo a qual é a forma do corpo.

Quanto à segunda objeção, deve-se dizer que a alma se relaciona com o ser de uma maneira diferente da maneira como se relacionam as outras partes, pois o existir do todo não é de nenhuma de suas partes; consequentemente, ou a parte deixa de existir completamente, destruído o todo, como as partes de um animal com a destruição do animal, ou, se permanecem, têm outro existir na realidade, como uma parte de uma linha tem uma existência diferente da que tem a linha inteira. À alma humana, no entanto, permanece o ser do composto após a destruição do corpo, e isso porque o ser da forma é o mesmo que o da sua matéria, e isso é o ser do composto. Por outro lado, a alma subsiste em seu próprio ser, como foi demonstrado na primeira parte. Por consequência, resta concluir que, após a separação do corpo, ela possui um existir perfeito, a partir do que também pode ter uma operação perfeita, embora não possua a natureza perfeita da espécie.

Quanto à terceira objeção, deve-se dizer que a bem-aventurança é do ser humano segundo o intelecto. Por isso, permanecendo o intelecto, pode haver nele a bem-aventurança. Isso de maneira análoga ao fato de que os dentes de um etíope podem ser brancos, mesmo após a extração, segundo os quais o etíope é chamado de branco.

Quanto à quarta objeção, deve-se dizer que um elemento é impedido por outro de duas maneiras. Primeiro, pela contrariedade, assim como o frio impede a ação do calor, e tal impedimento da operação é contrário à felicidade. Segundo, por algum tipo de deficiência, porque o elemento impedido não possui tudo o que é necessário para sua perfeição completa, e tal impedimento da operação não é contrário à felicidade, mas à sua própria perfeição total. É assim que a separação do corpo é dita retardar a alma, para que não se volte, com toda a intenção, para a visão da essência divina. É que a alma deseja desfrutar de Deus de tal maneira que a própria fruição seja transmitida ao corpo por redundância, como é possível. Por isso, enquanto ela desfruta de Deus sem corpo, seu desejo aquieta-se no que tem, embora ainda desejasse que seu corpo alcançasse a participação nisso.

Quanto à quinta objeção, deve-se dizer que o anseio da alma separada aquieta-se totalmente pela parte daquilo que ela deseja, porque de fato possui o que é suficiente para o seu desejo, mas não se aquieta totalmente pela parte do sujeito que deseja, porque não possui aquele bem de todas as maneiras que gostaria de possuir. Por isso, uma vez o corpo reassumido, a bem-aventurança aumenta não intensivamente, mas extensivamente.

Quanto à sexta objeção, deve-se dizer que aquilo que é mencionado lá – que os espíritos dos defuntos não veem Deus como os anjos – não deve ser entendido como uma desigualdade de quantidade, porque até mesmo agora algumas almas de bem-aventurados foram elevadas às ordens superiores dos anjos, vendo Deus mais claramente do que os anjos inferiores. Isso, todavia, é entendido em termos de desigualdade de proporção, porque os anjos, mesmo os mais rebaixados, possuem toda a perfeição da bem-aventurança que terão, o que não ocorre com as almas separadas dos santos.

A perfeição do corpo é requerida para a bem-aventurança?

Progredimos para o sexto questionamento. Pode parecer que a perfeição do corpo não é requerida para a bem-aventurança perfeita do ser humano, pois a perfeição do corpo é um bem corpóreo, mas já foi demonstrado que a bem-aventurança não consiste em bens corpóreos. Nenhuma disposição perfeita do corpo, portanto, é requerida para a bem-aventurança.

Além disso, a bem-aventurança do ser humano consiste na visão da essência divina, como mostrado, mas para essa operação não se usa nada do corpo, como já dito; portanto, nenhuma disposição do corpo é requerida para a bem-aventurança.

Além do mais, quanto mais o intelecto é apartado do corpo, mais ele compreende, mas a bem-aventurança consiste na mais perfeita operação do intelecto. Convém, portanto, que a alma, de todo jeito, seja apartada do corpo. De nenhum modo, então, alguma disposição do corpo é requerida para a bem-aventurança.

Por outro lado, o prêmio pela virtude é a bem-aventurança, a partir do que se diz em João 13: "bem-aventurados sereis se o fizerdes". Aos santos, porém, são oferecidos como prêmio não só a visão e o deleite de Deus, mas também uma boa disposição de corpo, pois se afirma em Isaías 66: "vereis, e o vosso coração se alegrará, e os vossos ossos germinarão como a grama". Boa disposição do corpo, portanto, é requerida para a bem-aventurança.

Digo em resposta que, se estivermos falando da bem-aventurança do ser humano enquanto aquela que se pode ter nesta vida, é evidente que para ela é, necessariamente, requerida boa disposição do corpo, pois essa bem-aventurança consiste, segundo o Filósofo, na operação da virtude perfeita; e é evidente que o ser humano, pela indisposição do corpo, pode ser impedido em qualquer operação da virtude.

Se, no entanto, estivermos falando da bem-aventurança perfeita, alguns sustentaram que para a bem-aventurança nenhuma disposição do corpo é requerida – na realidade, seria requerido para ela que a alma estivesse completamente separada do corpo. Consequentemente, Santo Agostinho, no vigésimo segundo livro de *Cidade de Deus*, introduz as palavras de Porfírio ao dizer que, para que a alma seja bem-aventurada, deve-se fugir de qualquer corpo, mas isso não é razoável, porque, como é natural que a alma queira se unir ao corpo, não é possível que a perfeição da alma exclua sua perfeição natural.

Por isso, ainda, deve-se dizer que, para a bem-aventurança de todo jeito perfeita, é requerida a perfeita disposição do corpo tanto antecedentemente quanto consequentemente. Antecedentemente, porque, como afirma Santo Agostinho no décimo segundo livro de *Sobre o significado do Gênesis*, se o corpo for tal que seja difícil e pesado administrá-lo, assim como a carne que se corrompe e pesa sobre a alma, a mente se distancia daquela visão do céu supremo. Disso, conclui que, quando este corpo já não for animal, mas espiritual, então se igualará aos anjos, e será para ele glória o que foi ônus. Consequentemente, porque, a partir da bem-aventurança da alma, haverá um transbordamento para o corpo, para que este também possa alcançar sua perfeição. Consequentemente, afirma Santo Agostinho, na carta a Dióscoro, que Deus fez a alma com uma natureza tão potente que, de sua mais plena bem-aventurança, o vigor da incorrupção transborda para a natureza inferior.

Quanto à primeira objeção, deve-se dizer que a bem-aventurança não consiste em um bem corpóreo como no objeto da bem-aventurança, mas o bem corpóreo pode contribuir para algum esplendor ou alguma perfeição da bem-aventurança.

Quanto à segunda objeção, deve-se dizer que, mesmo que o corpo em nada contribua para aquela operação do intelecto pela qual se vê a essência de Deus, ainda assim poderia impedi-la. Por isso, a perfeição do corpo é requerida, para que não impeça a elevação da mente.

Quanto à terceira objeção, deve-se dizer que para a perfeita operação do intelecto é requerida certa apartação deste corruptível corpo, que pesa sobre a alma, mas não do corpo espiritual, que estará totalmente sujeito ao espírito, sobre o qual se falará na terceira parte desta obra.

Algum bem exterior é requerido para a bem-aventurança?

Progredimos para o sétimo questionamento. Pode parecer que para a bem-aventurança sejam requeridos também bens exteriores, pois o que se promete aos santos como prêmio pertence à bem--aventurança, mas aos santos são oferecidos bens exteriores, como comida e bebida, riquezas e reinos, pois se diz em Lucas 22: "para que comais e bebais em minha mesa no meu reino"; e em Mateus 6: "acumulai para vós tesouros no céu"; e em Mateus 25: "vinde, benditos de meu pai, possuí o reino". Para a bem-aventurança, portanto, são requeridos bens exteriores.

Além disso, segundo Boécio, no terceiro livro de *A consolação da filosofia*, a bem-aventurança é o estado tornado perfeito pelo agrupamento de todos os bens, mas alguns bens do ser humano são exteriores, embora sejam bem poucos, como afirma Santo Agostinho. Eles, portanto, também são requeridos para a bem-aventurança.

Além do mais, o Senhor, em Mateus 5, afirma: "vosso prêmio é grande nos céus", mas estar nos céus implica estar em um lugar; portanto, ao menos um lugar exterior é requerido para a bem--aventurança.

Por outro lado, há o que se diz em Salmos 72: "o que há para mim no céu? E o que quis de ti sobre a Terra?" É como se dissesse "Nada desejo além do que segue: para mim é bom aderir a Deus". Nada mais exterior, portanto, é requerido para a bem-aventurança.

Digo em resposta que para a bem-aventurança imperfeita, tal qual a que se pode ter nesta vida, bens exteriores são requeridos, não como se fossem da essência da bem-aventurança, mas como servindo instrumentalmente à bem-aventurança, que consiste na operação da virtude, conforme dito no primeiro livro da *Ética a Nicômaco*, pois, nesta vida, o ser humano necessita dos bens corpóreos tanto para a operação da virtude contemplativa quanto para a operação da virtude ativa, para a qual são requeridos também muitos outros bens, com os quais realiza as obras da virtude ativa.

Já para a bem-aventurança perfeita, que consiste na visão de Deus, de modo algum um bem desse tipo é requerido. A razão disso é que todos os bens exteriores desse tipo ou são requeridos para o suporte do corpo animal ou são requeridos para algumas operações que executamos por meio do corpo animal, as quais convêm à vida humana. Aquela perfeita bem-aventurança, porém, que consiste na visão de Deus, ou estará na alma sem corpo ou estará na alma unida ao corpo já não animal, mas espiritual. Por isso, de modo algum, bens exteriores desse tipo são requeridos para essa bem-aventurança, já que estão ordenados para a vida animal. Além disso, como, nesta vida, aproxima-se de uma semelhança com aquela perfeita bem-aventurança mais a felicidade contemplativa do que a ativa, como sendo mais parecida com Deus, como é evidente pelo que foi dito, ela, portanto, necessita menos desses bens do corpo, conforme foi dito no décimo livro da *Ética a Nicômaco*.

Quanto à primeira objeção, deve-se dizer que todas aquelas promessas corpóreas que aparecem nas sagradas escrituras devem ser entendidas como metáforas, pela lógica de que nas escrituras o que é espiritual costuma ser designado pelo que é corpóreo, para que, a partir daquilo que conhecemos, possamos ser estimulados a desejar o que desconhecemos, conforme disse São Gregório em certa homilia. Assim como por comida e bebida entende-se o deleite, por riquezas entende-se a suficiência pela qual Deus será suficiente ao ser humano e por reinos entende-se a exaltação do ser humano até a união com Deus.

Quanto à segunda objeção, deve-se dizer que esses bens servem à vida animal e não são compatíveis com a vida espiritual, na qual a bem-aventurança consiste. Nessa bem-aventurança, porém, haverá a congregação de todos os bens, porque o que quer que haja de bom neles será totalmente encontrado na suprema fonte dos bens.

Quanto à terceira objeção, deve-se dizer que, conforme Santo Agostinho no livro sobre o sermão do Senhor na montanha, a recompensa dos santos não é considerada como estando nos céus corpóreos, mas por céus entende-se a altitude dos bens espirituais. De qualquer maneira, porém, um lugar corpóreo – ou seja, o céu empíreo – estará presente para os bem-aventurados, não por uma necessidade da bem-aventurança, mas segundo certa aptidão e certo decoro.

É requerido um agrupamento de amigos para a bem-aventurança?

Progredimos para o oitavo questionamento. Pode parecer que amigos sejam necessários para a bem-aventurança, pois, nas escrituras, a bem-aventurança futura é frequentemente nomeada com a denominação de glória, mas a glória consiste naquilo que leva o bem do ser humano ao conhecimento de muitos. Um agrupamento de amigos, portanto, é requerido para a bem-aventurança.

Além disso, Boécio diz que a posse de nenhum bem é agradável sem companhia, mas para a bem-aventurança requer-se deleite; portanto, também é requerido um agrupamento de amigos.

Além do mais, a caridade torna-se perfeita na bem-aventurança, mas a caridade estende-se ao deleite de Deus e do próximo. Parece, portanto, que para a bem-aventurança requer-se um agrupamento de amigos.

Por outro lado, há aquilo que é dito no sexto capítulo do Livro da Sabedoria: "todos os bens vieram até mim juntamente a ela", ou seja, à sabedoria divina, que consiste na contemplação de Deus. Assim, nada mais é requerido para a bem--aventurança.

Digo em resposta que, se estivermos falando sobre a felicidade da presente vida, como o Filósofo afirma no nono livro da *Ética a Nicômaco*, quem é feliz necessita de amigos, não por utilidade, já que é suficiente a si mesmo, nem por deleite, porque tem em si mesmo o deleite perfeito na operação da virtude, mas por causa da boa operação, ou seja, para que faça bem a eles e para que se deleite em vê-lo fazendo o bem. É que o ser humano, para fazer o bem, necessita do auxílio dos amigos, tanto nas obras da vida ativa quanto nas obras da vida contemplativa.

Se, todavia, estivermos falando sobre a perfeita bem-aventurança, que haverá na terra do pai, não é necessariamente requerido um agrupamento de amigos para a bem-aventurança, porque o ser humano possui total plenitude de sua perfeição em Deus, mas o agrupamento de amigos contribui para o bem-estar da bem-aventurança. A partir disso, Santo Agostinho, no oitavo livro de *Sobre o significado do Gênesis*, afirma que a criatura espiritual não se faz bem-aventurada se seu interior não for ajudado pela eternidade, pela verdade e pela caridade do criador. Quanto ao exterior, se for para dizer que ela é ajudada, talvez seja somente pelo fato de se verem mutuamente e se alegrarem com sua amizade em Deus.

Quanto à primeira objeção, deve-se dizer que a glória que é essencial para a bem-aventurança é aquela que o ser humano tem não entre os seres humanos, mas com Deus.

Quanto à segunda objeção, deve-se dizer que essa palavra é entendida como aplicável quando não há plena suficiência no bem que se possui. Isso não pode ser dito no presente caso, pois o ser humano tem em Deus a suficiência de todo bem.

Quanto à terceira objeção, deve-se dizer que a perfeição da caridade é essencial para a bem-aventurança na mesma medida que ao deleite de Deus, mas não na mesma medida que ao deleite do próximo. Consequentemente, se houver apenas uma alma desfrutando de Deus, será bem-aventurada, mesmo não tendo um próximo a quem amar, mas, supondo que haja um próximo, o deleite dele é consequência do perfeito deleite de Deus. Assim, a amizade está quase concomitantemente relacionada à bem-aventurança perfeita.

A aquisição da bem-aventurança

Então, deve-se considerar a própria aquisição da bem-aventurança; e sobre isso levantam-se oito questionamentos.

- Primeiro: O ser humano pode alcançar a bem-aventurança?
- Segundo: Pode uma pessoa ser mais bem-aventurada do que outra?
- Terceiro: Pode alguém ser bem-aventurado nesta vida?
- Quarto: A bem-aventurança obtida pode ser perdida?
- Quinto: O ser humano pode conquistar a bem-aventurança por meio de seus dons naturais?
- Sexto: O ser humano alcança a bem-aventurança por meio da ação de alguma criatura superior?
- Sétimo: Alguma obra do ser humano é requerida para que ele consiga de Deus a bem-aventurança?
- Oitavo: Todo ser humano deseja a bem-aventurança?

O ser humano pode alcançar a bem-aventurança?

Progredimos para o primeiro questionamento. Pode parecer que o ser humano não pode conseguir a bem-aventurança, pois, assim como a natureza racional está acima da sensível, a natureza intelectual está acima da racional, como fica claro pelo que afirma São Dionísio no livro *Sobre os nomes divinos* em vários momentos, mas os animais irracionais, que têm apenas natureza sensível, não podem chegar ao fim da natureza racional. Assim, nem o ser humano, que é de natureza racional, pode chegar ao fim da natureza intelectual, o qual é a bem-aventurança.

Além disso, a verdadeira bem-aventurança consiste na visão de Deus, que é a verdade pura, mas é natural para o ser humano contemplar a verdade naquilo que é material, a partir do que se afirma no terceiro livro *Sobre a alma*: "entende as espécies inteligíveis nas imagens". Não pode, pois, chegar à bem-aventurança.

Além do mais, a bem-aventurança consiste na aquisição do bem supremo, mas uma pessoa não pode chegar ao supremo se não transcender os medianos. Como, portanto, a natureza mediana, entre Deus e a natureza humana, é a angelical, a qual o ser humano não pode transcender, parece que não pode alcançar a bem-aventurança.

Por outro lado, há o que se diz em Salmos 93: "bem-aventurado o ser humano que tu ensinares, Senhor".

Digo em resposta que "bem-aventurança" nomeia a aquisição do bem perfeito; portanto, quem quer que seja capaz do bem perfeito pode chegar à bem-aventurança. Fica evidente que o ser humano é capaz do bem perfeito, porque tanto seu intelecto pode apreender o bem universal e perfeito quanto sua vontade pode desejá-lo. Por isso, o ser humano pode conseguir a bem-aventurança. Isso fica evidente, também, pelo fato de que o ser humano é capaz da visão da essência divina, como está colocado na primeira parte, e dissemos que a perfeita bem-aventurança do ser humano consiste nessa visão.

Quanto à primeira objeção, deve-se dizer que a natureza racional eleva-se sobre a sensitiva de um modo, e a natureza intelectual eleva-se sobre a racional de outro modo. É que a natureza racional eleva-se sobre a sensitiva quanto ao conhecimento do objeto, porque o sentido, de modo algum, pode conhecer o universal, cuja razão é cognoscitiva, mas a natureza intelectual eleva-se sobre a racional quanto ao modo de conhecer a mesma verdade inteligível, pois a natureza intelectual imediatamente apreende a verdade, a qual a natureza racional atinge por meio da inquirição da razão, como está claro pelo que foi dito na primeira parte. Por isso, aquilo que o intelecto apreende a razão atinge por meio de certo movimento. Consequentemente, a natureza racional pode alcançar a bem-aventurança, a qual é a perfeição da natureza intelectual, todavia de modo diverso ao dos anjos, pois os anjos alcançaram-na imediatamente após o princípio de sua condição, enquanto os seres humanos chegam a ela através do tempo. A natureza sensitiva, porém, não pode de modo algum atingir esse fim.

Quanto à segunda objeção, deve-se dizer que ao ser humano, segundo o estado da presente vida, é natural o modo de conhecer a verdade inteligível por meio de imagens, mas, após o estado desta vida, tem outro modo natural, como está dito na primeira parte.

Quanto à terceira objeção, deve-se dizer que o ser humano não pode transcender os anjos pelo grau da natureza, de modo que lhes seja naturalmente superior. Pode, todavia, transcendê-los pela operação do intelecto, quando entende que há acima dos anjos algo que torna os seres humanos bem-aventurados. Tendo conseguido perfeitamente, será perfeitamente bem-aventurado.

Pode uma pessoa ser mais bem-aventurada do que outra?

Progredimos para o segundo questionamento. Pode parecer que uma pessoa não pode ser mais bem-aventurada que outra, pois a bem-aventurança é um prêmio da virtude, como diz o Filósofo no primeiro livro da *Ética a Nicômaco*, mas a recompensa pelas obras da virtude é igual para todos, pois se afirma, em Mateus 20, que de todos os que trabalharam nas vinhas cada um recebeu um denário, porque, como diz Gregório, receberam uma retribuição igual à da vida eterna. Uma pessoa, portanto, não será mais bem-aventurada do que outra.

Além disso, a bem-aventurança é o bem supremo, e nada pode ser maior do que aquilo que é supremo; portanto, não pode existir uma outra bem-aventurança maior do que a bem-aventurança de determinada pessoa.

Além do mais, a bem-aventurança, por ser um bem perfeito e suficiente, aquieta o desejo do ser humano, mas o desejo não se aquieta se faltar algum bem que possa ser acrescentado. Se, porém, nada faltar para ser acrescentado, não poderá existir algum outro bem maior. Assim, ou o ser humano não é bem-aventurado, ou, se é bem-aventurado, não pode haver outra bem-aventurança maior.

Por outro lado, existe aquilo que se afirma em João 14: "na casa de meu Pai há muitas moradas", com as quais, como diz Santo Agostinho, "entende-se que há diversas dignidades pelos méritos". Ora, a dignidade da vida eterna, a qual é dada por mérito, é a própria bem-aventurança. São, portanto, diversos os graus de bem-aventurança, e a bem-aventurança não é a mesma para todos.

Digo em resposta que, como já colocado, dois elementos estão incluídos na razão de bem-aventurança: o próprio propósito final, que é o bem supremo, e a obtenção ou fruição do próprio bem. Então, quanto ao próprio bem que é o objeto e a causa da bem-aventurança, não pode haver uma outra bem-aventurança maior, porque não há senão um único bem supremo, ou seja, Deus, por meio de cuja fruição os seres humanos tornam-se bem-aventurados. Já quanto à obtenção ou fruição de um bem desse tipo, pode uma pessoa ser mais bem-aventurada do que outra, porque, quanto mais desfruta desse bem, mais bem-aventurada é. Acontece de uma pessoa desfrutar de Deus mais perfeitamente do que outra pessoa, pelo fato de que está mais bem disposta e ordenada para a fruição dele. Segundo esse raciocínio, pode uma pessoa ser mais bem-aventurada do que outra.

Quanto à primeira objeção, deve-se dizer que a unidade de denário significa a unidade de bem-aventurança pela parte do objeto, mas a diversidade de moradas significa a diversidade de bem-aventurança segundo os diversos graus de fruição.

Quanto à segunda objeção, deve-se dizer que a bem-aventurança é entendida como o supremo bem na medida em que é a perfeita posse ou fruição do bem supremo.

Quanto à terceira objeção, deve-se dizer que a ninguém que seja bem-aventurado falta um bem a ser desejado, já que possui o próprio bem infinito, que é o bem de todo o bem, como diz Santo Agostinho. Diz-se, todavia, que um é mais bem-aventurado do que outro pela diferente participação no mesmo bem; e a adição de outros bens não aumenta a bem-aventurança, a partir do que afirma Santo Agostinho, no quinto livro das *Confissões*: "quem conhece a ti e a outros elementos, não por conta desses elementos é mais bem-aventurado, mas apenas por conta de ti é bem-aventurado".

Pode alguém ser bem-aventurado nesta vida?

Progredimos para o terceiro questionamento. Pode parecer que a bem-aventurança pode ser obtida nesta vida, pois se diz em Salmos 18: "bem-aventurados os imaculados no caminho, que caminham na lei do Senhor"; e isso acontece nesta vida. Uma pessoa, portanto, pode ser bem-aventurada nesta vida.

Além disso, a participação imperfeita no bem supremo não afasta a razão da bem-aventurança; caso contrário, um não seria mais bem-aventurado do que outro. Nesta vida, porém, os seres humanos podem participar do bem supremo, conhecendo e amando a Deus, ainda que imperfeitamente. O ser humano, portanto, pode ser bem-aventurado nesta vida.

Além do mais, o que é dito por muitos não pode ser totalmente falso, pois parece que é natural aquilo que está em muitos, e a natureza não falha totalmente, mas muitos sustentam que há bem-aventurança nesta vida, como fica evidente pelo que está em Salmos 143: "disseram que é feliz o povo que tem isso", ou seja, os bens da presente vida. Alguém, portanto, pode ser bem-aventurado nesta vida.

Por outro lado, há o que se diz em João 14: "o ser humano nascido de uma mulher, vivendo por tempo breve, está cheio de muitas misérias", mas a bem-aventurança exclui a miséria. O ser humano, portanto, não pode ser bem-aventurado nesta vida.

Digo em resposta que alguma participação na bem-aventurança pode ser obtida nesta vida, porém a perfeita e verdadeira bem-aventurança não pode ser obtida nesta vida. Isso pode ser considerado de duas maneiras. Primeiro, pela própria razão comum de bem-aventurança, pois a bem-aventurança, como é o bem perfeito e suficiente, exclui qualquer mal e preenche qualquer desejo, mas, nesta vida, nem todo mal pode ser excluído. É que a presente vida está sujeita a muitos males, que não podem ser evitados, como a ignorância por parte do intelecto, as desordenadas afeições por parte do desejo, muitos tormentos por parte do corpo, como Santo Agostinho enumera diligentemente no décimo nono livro de *A cidade de Deus*. Do mesmo modo, também o desejo do bem não pode ser saciado nesta vida, pois o ser humano naturalmente deseja a permanência do bem que tem, todavia os bens da presente vida são transitórios, já que a própria vida é passageira, a qual desejamos naturalmente, embora perpetuamente queiramos que ela permaneça, porque naturalmente o ser humano foge da morte. Consequentemente, é impossível que se obtenha, nesta vida, a verdadeira bem-aventurança.

Segundo, se é considerado aquilo em que a bem-aventurança especialmente consiste, ou seja, a visão da essência divina, a qual o ser humano não pode atingir nesta vida, como foi mostrado na primeira parte, com isso, fica evidente que alguém não pode nesta vida alcançar a verdadeira e perfeita bem-aventurança.

Quanto à primeira objeção, deve-se dizer que aqueles que são considerados bem-aventurados nesta vida o são ou por conta da esperança de alcançar a bem-aventurança na vida futura, segundo o que está em Romanos 8 ("somos salvos pela esperança"), ou por conta de alguma participação na bem-aventurança, segundo alguma fruição do bem supremo.

Quanto à segunda objeção, deve-se dizer que a participação na bem-aventurança pode ser imperfeita de duas maneiras. De uma maneira, pela parte do próprio objeto da bem-aventurança, o qual certamente não se vê segundo sua própria essência. Tal imperfeição anula a razão de verdadeira bem-aventurança. De outra maneira, pode ser imperfeita pela parte de quem participa da bem-aventurança, que atinge certamente o objeto da bem-aventurança em si mesmo, ou seja, Deus, mas imperfeitamente em comparação com o modo como Deus desfruta de si mesmo. Tal imperfeição não anula a verdadeira razão de bem-aventurança, porque, como a bem-aventurança é uma operação, tal qual foi dito anteriormente, a verdadeira razão de bem-aventurança é considerada pelo objeto, que dá espécie ao ato, e não pelo sujeito.

Quanto à terceira objeção, deve-se dizer que os seres humanos acreditam que existe alguma bem-aventurança nesta vida, por conta de alguma semelhança com a verdadeira bem-aventurança. Assim, não falham totalmente em suas considerações.

A bem-aventurança obtida pode ser perdida?

Progredimos para o quarto questionamento. Pode parecer que a bem-aventurança pode ser perdida, pois a bem-aventurança é certa perfeição, mas toda perfeição existe no perfectível segundo seu próprio modo. Como, então, o ser humano segundo sua natureza é mutável, parece que o ser humano participa da bem-aventurança de modo mutável. Assim, parece que o ser humano pode perder a bem-aventurança.

Além disso, a bem-aventurança consiste na ação do intelecto, que se sujeita à vontade, mas a vontade relaciona-se com elementos opostos. Parece, portanto, que pode desistir da operação pela qual o homem se torna bem-aventurado; e, assim, o ser humano deixa de ser bem-aventurado.

Além do mais, o fim corresponde ao princípio, mas a bem-aventurança do ser humano tem princípio, porque o ser humano não foi sempre bem-aventurado; portanto, parece que tem fim.

Por outro lado, considere-se o que está dito em Mateus 25 sobre os justos: "irão à vida eterna", a qual, como já colocado, é a bem-aventurança dos santos. Ora, o que é eterno não deixa de existir; portanto, a bem-aventurança não pode ser perdida.

Digo em resposta que, se estivermos falando sobre a bem-aventurança imperfeita, tal qual pode ser obtida nesta vida, ela pode ser perdida, o que se evidencia na felicidade contemplativa, que se perde ou pelo esquecimento (como quando o conhecimento se corrompe com alguma doença) ou, ainda, por algumas ocupações, com as quais alguém se afasta totalmente da contemplação. Isso fica claro também na felicidade ativa, pois a vontade do ser humano pode ser mudada, de modo que a partir do vício alcance a virtude, em cujo ato a felicidade consiste principalmente. Se, porém, a virtude permanecer íntegra, as mudanças exteriores podem certamente perturbar tal bem-aventurança, na medida em que impedem muitas operações das virtudes, mas não podem retirá-la totalmente, porque ainda permanece a operação da virtude, enquanto o ser humano enfrenta com louvor as próprias adversidades. Como a bem-aventurança desta vida pode ser perdida, o que parece estar contra a razão de bem-aventurança, o Filósofo diz, no primeiro livro da *Ética a Nicômaco*, que alguns seres humanos são bem-aventurados nesta vida, não simplesmente, mas enquanto seres humanos, cuja natureza está sujeita a mudança.

Agora, se estivermos falando sobre a bem-aventurança perfeita, a qual se pode esperar depois desta vida, deve-se saber que Orígenes, seguindo o erro de alguns pensadores platônicos, sustentou que o ser humano pode se tornar miserável após a bem-aventurança última.

Isso, porém, é claramente falso, por dois motivos. O primeiro deve-se à própria razão comum de bem-aventurança, pois, como a própria bem-aventurança é um bem perfeito e suficiente, convém que acalme o desejo do ser humano e exclua qualquer mal. O ser humano, naturalmente, deseja reter consigo o bem que possui, além de obter a segurança de retê-lo; caso contrário, torna-se forçoso que se aflija com o temor de perdê-lo ou com a dor da certeza de sua perda. Requer-se, portanto, para a verdadeira bem-aventurança, que o ser humano tenha a opinião certa de que jamais perderá o bem que possui. Se essa opinião for verdadeira, consequentemente nunca perderá a bem-aventurança, porém, se for falsa, isso mesmo é um mal, ou seja, ter uma opinião falsa, pois a falsidade é um mal do intelecto, assim como a verdade é um bem seu, como se afirma no sexto livro da *Ética a Nicômaco*. Não será, pois, verdadeiramente bem-aventurado se existir algum mal em si.

Segundo, o mesmo se evidencia se for considerada a razão da bem-aventurança em especial, pois anteriormente foi demonstrado que a perfeita bem-aventurança do ser humano consiste na visão da essência divina; e é impossível que alguém, vendo a essência divina, prefira não a ver. É que todo bem obtido que alguém queira não ter ou é insuficiente, e se busca algo mais suficiente em seu lugar, ou tem algum incômodo anexo, o qual é causa de algum enfado. A visão da essência divina enche a alma de todos os bens, já que a une com a fonte de toda a bondade, a partir do que se diz, em Salmos 16, "estarei saciado quando aparecer tua glória" e, em Sabedoria 7, "com ela vieram para mim todos os bens" – ou seja, com a contemplação da sabedoria.

Igualmente também não tem algo incômodo anexo, porque sobre a contemplação da sabedoria foi dito, em Sabedoria 8: "interagir com ela não tem amargura nem tem tédio conviver com ela". Assim, portanto, fica claro que o bem-aventurado não pode abandonar a bem-aventurança por vontade própria. De modo semelhante, também não pode perdê-la, com Deus a retirando, porque, como a retirada da bem-aventurança é uma pena, não pode tal retirada provir de Deus, juiz justo, a não ser diante de alguma culpa, em que não pode incorrer aquele que vê a essência de Deus, já que a retidão da vontade necessariamente segue essa visão, como foi demonstrado anteriormente. De modo semelhante, nenhum outro agente pode retirá-la, porque a mente unida a Deus eleva-se sobre tudo, e, assim, nenhum outro agente pode excluí-la de uma união desse tipo. Consequentemente, parece inconveniente que o ser humano, por certas alterações dos tempos, passe da bem-aventurança para a miséria, ou vice-versa, porque alterações temporais desse tipo não podem existir senão ao redor daquilo que está sujeito ao tempo e ao movimento.

Quanto à primeira objeção, deve-se dizer que a bem-aventurança é a perfeição consumada, que exclui do bem-aventurado todo defeito. Por isso, provém para aquele que a possui sem mutabilidade, operando isso a virtude divina, que eleva o ser humano até a participação da eternidade, que transcende qualquer mudança.

Quanto à segunda objeção, deve-se dizer que a vontade relaciona-se com elementos opostos entre aqueles que se ordenam para o fim, mas ela ordena-se para o propósito final por uma necessidade natural, o que fica claro pelo fato de que o ser humano não pode não querer ser bem-aventurado.

Quanto à terceira objeção, deve-se dizer que a bem-aventurança tem princípio segundo a condição de seu participante, mas carece de fim, por conta da condição do bem cuja participação o torna bem-aventurado. Consequentemente, o início da bem-aventurança tem uma origem, e aquilo que carece de fim tem outra.

O ser humano pode conquistar a bem--aventurança por meio de seus dons naturais?

Progredimos para o quinto questionamento. Pode parecer que o ser humano pode conquistar a bem-aventurança por meio de seus dons naturais, pois a natureza não falha naquilo que é necessário, mas nada é tão necessário ao ser humano quanto aquilo por meio do que consegue o propósito final. Isso, portanto, não falta à natureza humana e, por isso, o ser humano conquista a bem-aventurança por meio de seus dons naturais.

Além disso, o ser humano, porque seja mais nobre do que as criaturas irracionais, parece ser mais suficiente, mas as criaturas irracionais, por meio de seus dons naturais, podem alcançar seus objetivos. Muito mais, então, o ser humano pode conquistar a bem-aventurança por meio de seus dons naturais.

Além do mais, a bem-aventurança é uma operação perfeita, segundo o Filósofo; e é dela começar algo e tornar esse algo perfeito. Como, portanto, a operação imperfeita, que é como o princípio nas operações humanas, subordina-se ao poder natural do ser humano, por meio do qual é senhor de seus atos, parece que, pelo poder natural, pode atingir a operação perfeita, que é a bem-aventurança.

Por outro lado, o ser humano é naturalmente o princípio de seus atos pelo intelecto e pela vontade, mas a bem-aventurança última preparada para os santos supera o intelecto e a vontade do ser humano, pois afirma o Apóstolo na Primeira Carta aos Coríntios: "o olho não viu, e o ouvido não ouviu, e não subiu ao coração do ser humano aquilo que Deus preparou para quem o ama". O ser humano, portanto, pode alcançar a bem-aventurança por meio de seus dons naturais.

Digo em resposta que a bem-aventurança imperfeita que se pode obter nesta vida pode ser conquistada pelo ser humano por meio de seus dons naturais, do mesmo modo que a virtude, em cuja operação consiste. Sobre isso, será falado posteriormente. A bem-aventurança perfeita do ser humano, porém, como foi dito anteriormente, consiste na visão da essência divina; e ver Deus pela essência está acima da natureza não só do ser humano, mas também das demais criaturas, como foi mostrado na primeira parte. O conhecimento natural de qualquer criatura se dá segundo o modo de sua substância, assim como se afirma sobre a inteligência no *Livro das causas*, que conhece o que está acima de si e o que está abaixo de si segundo o modo de sua substância. Todo conhecimento que se dá segundo o modo da substância criada é deficiente quanto à visão da essência divina, que ultrapassa infinitamente toda substância criada. Consequentemente, nem o ser humano nem qualquer criatura pode conquistar a bem-aventurança última por meio de seus dons naturais.

Quanto à primeira objeção, deve-se dizer que, assim como a natureza não falta ao homem no que é necessário – embora não tenha dado a ele armas e vestes como aos outros animais, porque lhe deu razão e mãos, com as quais pode conseguir aquilo para si –, do mesmo modo não falta ao ser humano no que é necessário, embora não lhe forneça algum princípio com o qual possa conquistar a bem-aventurança, pois isso era impossível. Deu-lhe, todavia, livre-arbítrio, com o qual possa se converter a Deus, que o tornará bem-aventurado. Como se diz no terceiro livro da *Ética a Nicômaco*, "o que podemos pelos amigos podemos de algum modo por nós".

Quanto à segunda objeção, deve-se dizer que a natureza que pode conquistar o bem perfeito, ainda que precise de auxílio exterior para conseguir isso, é de uma condição mais nobre do que a natureza que não pode conquistar o bem perfeito, mas conquista algum bem imperfeito, ainda que não precise de auxílio exterior para sua conquista, como diz o Filósofo no segundo livro *Sobre o céu*.

Do mesmo modo, aquele que pode conseguir a sanidade perfeita, ainda que isso se dê por meio da ajuda de remédios, está mais disposto para a saúde do que aquele que só pode conseguir certa sanidade imperfeita, sem o auxílio de medicamento. Por isso, a criatura racional, que pode alcançar o bem perfeito da bem-aventurança, carecendo para isso de ajuda divina, é mais perfeita do que a criatura irracional, que não é capaz de um bem desse tipo, mas conquista algum bem imperfeito com a virtude de sua natureza.

Quanto à terceira objeção, deve-se dizer que, sendo da mesma espécie o imperfeito e o perfeito, podem ser causados pela mesma virtude; todavia, isso não se dá necessariamente se são de espécies diferentes, pois nem tudo o que pode causar a disposição da matéria pode conferir-lhe a perfeição última. A operação imperfeita, que está sujeita ao poder natural do ser humano, não é da mesma espécie do que aquela operação perfeita que é a bem-aventurança do ser humano, uma vez que a espécie da operação depende do objeto. Consequentemente, o raciocínio não fecha.

O ser humano alcança a bem-aventurança por meio da ação de alguma criatura superior?

Progredimos para o sexto questionamento. Pode parecer que o ser humano possa se tornar bem-aventurado pela ação de alguma criatura superior, ou seja, dos anjos. Com efeito, a ordem que se encontra no mundo é dupla: uma é das partes do universo entre si e uma é de todo o universo para o bem que está fora do universo.

A primeira ordem ordena-se para a segunda como para seu fim, como se afirma no décimo segundo livro da *Metafísica*, assim como a ordem das partes de um exército entre si dá-se em função da ordem de todo o exército em relação ao general, mas a ordem das partes do universo entre si dá-se conforme as criaturas superiores agem sobre as inferiores, como foi dito na primeira parte. Ora, a bem-aventurança consiste na ordem do ser humano para o bem que está fora do universo, que é Deus. Assim, pela ação de uma criatura superior – ou seja, dos anjos – sobre o ser humano, o ser humano torna-se bem-aventurado.

Além disso, aquilo que está em potência pode reduzir-se a ato por meio daquilo que está em ato, assim como o que está quente em potência torna-se quente em ato por meio daquilo que é quente em ato, mas o ser humano é bem-aventurado em potência; então pode se tornar bem-aventurado em ato pelo anjo, que é bem-aventurado em ato.

Além do mais, a bem-aventurança consiste na operação do intelecto, como foi dito anteriormente, mas o anjo pode iluminar o intelecto do ser humano, como colocado na primeira parte. O anjo, portanto, pode fazer o ser humano bem-aventurado.

Por outro lado, existe o que se diz em Salmos 83: "o Senhor dará graça e glória".

Digo em resposta que, porque toda criatura esteja sujeita às leis da natureza, pois tem limitadas virtude e ação, aquilo que supera a natureza criada não pode ser feito pela virtude de alguma criatura. Por isso, se convier que se faça algo acima da natureza, tal se faz imediatamente por Deus, como ressuscitar um morto ou fazer um cego enxergar, além de outros eventos desse tipo. Foi demonstrado que a bem-aventurança é certo bem que supera a natureza criada, com o que se conclui que é impossível que seja conferida por meio da ação de alguma criatura, mas o ser humano torna-se bem-aventurado somente com a ação de Deus, se estivermos falando sobre a bem-aventurança perfeita. Se, porém, estivermos falando sobre a bem-aventurança imperfeita, a razão é a mesma para ela e para a potência, em cujo ato ela consiste.

Quanto à primeira objeção, deve-se dizer que frequentemente acontece, nas potências ativas, que conduzir ao propósito final pertença à potência suprema, enquanto as potências inferiores são coadjuvantes dispondo para a obtenção daquele propósito final, assim como o uso do navio, para o que o navio é feito, cabe à arte da navegação, que preside à arte da construção naval. Do mesmo modo, na ordem do universo, o ser humano é auxiliado pelos anjos para alcançar o propósito final, segundo alguns elementos preparatórios, pelos quais se dispõe para sua obtenção, mas alcança o propósito final em si pela ação do primeiro agente, que é Deus.

Quanto à segunda objeção, deve-se dizer, quando alguma forma em ato existe em algo segundo o ser perfeito e natural, pode ser o princípio de ação em outro, assim como algo quente aquece pelo calor. Se, no entanto, a forma existe em algo imperfeitamente e não segundo o ser natural, não pode ser o princípio de comunicação de si para outro, assim como a intenção de cor que há na pupila não pode fazer algo branco ou como nem tudo o que é iluminado e quente pode aquecer e iluminar outros – se assim fosse, a iluminação e o aquecimento se dariam infinitamente. Já a luz da glória, pela qual se vê Deus, certamente está em Deus perfeitamente segundo o ser natural, porém em qualquer criatura está imperfeitamente e segundo o ser semelhante ou participado. Consequentemente, nenhuma criatura bem-aventurada pode comunicar sua bem-aventurança para outra.

Quanto à terceira objeção, deve-se dizer que um anjo bem-aventurado ilumina o intelecto do ser humano ou até de um anjo inferior quanto a algumas razões das obras divinas, mas não quanto à visão da essência divina, como foi dito na primeira parte. É que, para vê-la, todos são imediatamente iluminados por Deus.

Algumas obras boas do ser humano são requeridas para que ele consiga de Deus a bem-aventurança?

Progredimos para o sétimo questionamento. Pode parecer que não são requeridas algumas obras do ser humano para que ele consiga de Deus a bem-aventurança, pois Deus, sendo agente de infinita virtude, não precisa de matéria no agir ou de disposição da matéria, mas pode imediatamente produzir tudo. Já as obras do ser humano, como não são requeridas para sua bem-aventurança como causa eficiente, conforme já dito, não podem ser requeridas para isso senão como disposições. Deus, portanto, que não precisa de disposições no agir, concede a bem-aventurança sem obras precedentes.

Além disso, assim como Deus é o autor imediato da bem-aventurança, também instituiu a natureza imediatamente, mas, na primeira instituição da natureza, produziu criaturas sem nenhuma disposição precedente ou ação da criatura e imediatamente fez cada uma perfeita em sua espécie. Parece, portanto, que Deus concede a bem-aventurança ao ser humano sem qualquer obra precedente.

Além do mais, o Apóstolo diz, em Romanos 4, que a bem-aventurança do ser humano é aquilo a que Deus concede a justiça sem obras. Obras do ser humano, portanto, não são requeridas para a bem-aventurança.

Por outro lado, existe o que se diz em João 13: "se sabeis isso, sereis bem-aventurados se o fizerdes". Pela ação, chega-se, pois, à bem-aventurança.

Digo em resposta que a retidão da vontade, como dito anteriormente, é requerida para a bem-aventurança, já que não deixa de ser senão a ordem devida da vontade para o propósito final, a qual é exigida para se alcançar o propósito final, assim como a devida disposição da matéria é exigida para se alcançar a forma. A partir disso, porém, não se conclui que alguma obra do ser humano deva preceder sua bem-aventurança, pois Deus poderia fazer a vontade tendendo com retidão para o fim e, ao mesmo tempo, alcançando o fim, assim como quando dispõe a matéria e, ao mesmo tempo, induz a forma. A ordem da divina sabedoria, no entanto, exige que isso não se dê, pois está dito, no segundo livro *Sobre o céu*, que, entre aqueles que nasceram para possuir o bem perfeito, um o possui sem movimento, um com um movimento e um com muitos movimentos. Ora, possuir o bem perfeito sem movimento pertence àquele que naturalmente o possui, e possuir naturalmente a bem-aventurança diz respeito somente a Deus; portanto, apenas de Deus é próprio que não se mova para a bem-aventurança por alguma operação precedente. Como, então, a bem-aventurança supera toda natureza criada, nenhuma criatura pura alcança convenientemente a bem--aventurança sem um movimento de operação – por meio desta, tende àquela. O anjo, porém, que é superior ao ser humano na ordem da natureza, alcançou a bem-aventurança, por uma ordem da sabedoria divina, com um movimento da operação meritória, como se expôs na primeira parte. Já os seres humanos alcançam a bem-aventurança com muitos movimentos de operações, que são considerados os méritos. Consequentemente, segundo o Filósofo, também a bem-aventurança é um prêmio das operações virtuosas.

Quanto à primeira objeção, deve-se dizer que a operação do ser humano não é pré-requisito para se alcançar a bem-aventurança por conta da insuficiência da virtude divina que torna alguém bem-aventurado, mas para que se conserve a ordem dos elementos.

Quanto à segunda objeção, deve-se dizer que Deus imediatamente produziu as primeiras criaturas como perfeitas sem qualquer disposição ou operação precedente da criatura, porque assim instituiu os primeiros indivíduos das espécies de modo que, por meio deles, a natureza se propagasse para a posteridade. De modo semelhante, porque por Cristo, que é divino e humano, a bem-aventurança devia ser estendida a outros, segundo o que diz o Apóstolo em Hebreus 2 ("aquele que levou muitos filhos para a glória"). Imediatamente a partir do princípio de sua concepção, sem qualquer operação meritória precedente, sua alma foi bem-aventurada. Isso, no entanto, é peculiar dele, pois para as crianças batizadas vem o mérito de Cristo para se alcançar a bem-aventurança, ainda que elas mesmas careçam de méritos próprios, uma vez que pelo batismo são transformadas em membros de Cristo.

Quanto à terceira objeção, deve-se dizer que o Apóstolo fala sobre a bem-aventurança da esperança, que se recebe pela graça justificante, que, por sua vez, não é concedida devido a obras precedentes, pois não tem a razão de termo do movimento, como a bem-aventurança, porém mais o princípio do movimento com o qual se tende à bem--aventurança.

Todo ser humano deseja a bem-aventurança?

Progredimos para o oitavo questionamento. Pode parecer que nem todos os seres humanos desejam a bem-aventurança, pois ninguém pode desejar o que não conhece, já que o bem apreendido é o objeto do desejo, como se diz no terceiro livro *Sobre a alma*. Muitas pessoas desconhecem o que seja a bem-aventurança, o que, conforme Santo Agostinho afirma no décimo terceiro livro *Sobre a Trindade*, fica claro pelo fato de que alguns colocaram a bem-aventurança no prazer do corpo, outros na virtude da alma, outros em outros elementos. Nem todos, portanto, desejam a bem-aventurança.

Além disso, a essência da bem-aventurança é a visão da essência divina, como já dito, mas alguns opinam que isso é impossível – isto é, que Deus em essência seja visto pelo ser humano a partir do que não a desejam. Nem todos os seres humanos, portanto, desejam a bem-aventurança.

Além do mais, Santo Agostinho afirma, no décimo terceiro livro *Sobre a Trindade*, que bem-aventurado é aquele que possui tudo o que quer e não quer nada de mau, mas nem todas as pessoas querem isso, pois alguns querem mal algo e, todavia, querem querer esse algo. Nem todos, portanto, querem a bem-aventurança.

Por outro lado, Santo Agostinho afirma, no décimo terceiro livro *Sobre a Trindade*: "se ao menos dissesse 'Todos quereis ser bem-aventurados e ser miseráveis não quereis', teria dito algo que ninguém não reconheceria em sua vontade". Qualquer pessoa, então, quer ser bem-aventurada.

Digo em resposta que a bem-aventurança pode ser considerada de duas maneiras. Uma maneira é segundo a razão comum de bem-aventurança e, assim, é forçoso que todo ser humano queira a bem-aventurança. Como já foi dito, a razão comum de bem-aventurança é que ela é o bem perfeito. Como, todavia, o bem é objeto da vontade, o perfeito para alguém é aquilo que lhe satisfaz totalmente a vontade. Consequentemente, almejar a bem-aventurança nada mais é do que desejar que a vontade seja satisfeita, o que qualquer um quer.

De outra maneira, podemos falar sobre a bem-aventurança segundo uma razão especial quanto àquilo em que consiste a bem-aventurança. Assim, não são todos os que conhecem a bem--aventurança, porque não sabem a que convém a razão comum de bem-aventurança. Por conseguinte, quanto a isso, nem todos a querem.

A partir disso, fica clara a resposta à primeira objeção.

Quanto à segunda objeção, deve-se dizer que, como a vontade segue a apreensão do intelecto ou da razão, assim como acontece de algo ser o mesmo segundo a realidade, sendo diverso segundo a consideração da razão, também ocorre de algo ser o mesmo segundo a realidade e, no entanto, de um modo ser desejado e de outro modo não ser desejado. A bem-aventurança, portanto, pode ser considerada sob a razão do bem final e perfeito, a qual é a razão comum de bem-aventurança.

Assim, natural e necessariamente, a vontade tende àquilo, como já foi dito. Pode, ainda, ser considerada segundo outras considerações especiais ou da parte da própria operação ou da parte da potência operativa ou da parte do objeto. Assim, não necessariamente a vontade tende à bem-aventurança.

Quanto à terceira objeção, deve-se dizer que a definição de que bem-aventurado é aquele que possui tudo o que quer ou aquele a quem acontece tudo o que deseja, que alguns defenderam, se entendida de certo modo, é boa e suficiente; todavia, de outro modo, é imperfeita. É que, se for entendida simplesmente sobre tudo aquilo que, por um desejo natural, o ser humano quer, é sim verdade que aquele que possui tudo o que quer é bem-aventurado, pois nada satisfaz o desejo natural do ser humano senão o bem perfeito, que é a bem-aventurança. Se, no entanto, for entendida sobre aquilo que o ser humano quer segundo a apreensão da razão, então possuir certos elementos que o ser humano quer não pertence à bem-aventurança, e mais à miséria, na medida em que possuir tais elementos impede o ser humano de possuir o que quer que naturalmente queira, assim como, às vezes, a razão aceita algo como verdadeiro que a impede do conhecimento da verdade. Segundo essa consideração, Santo Agostinho acrescenta à perfeição da bem-aventurança que não se queira nada de mau, embora o primeiro possa ser suficiente, se for entendido retamente, isto é, que bem-aventurado é aquele que tem tudo o que quer.

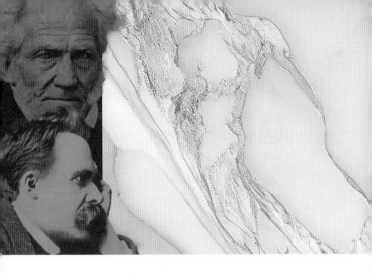

Veja outros livros do selo *Vozes de Bolso* pelo site

livrariavozes.com.br/colecoes/vozes-de-bolso

Conecte-se conosco:

f   facebook.com/editoravozes

◻   @editoravozes

X   @editora_vozes

▶   youtube.com/editoravozes

☎   +55 24 2233-9033

www.vozes.com.br

Conheça nossas lojas:

www.livrariavozes.com.br

Belo Horizonte – Brasília – Campinas – Cuiabá – Curitiba
Fortaleza – Juiz de Fora – Petrópolis – Recife – São Paulo

EDITORA VOZES LTDA.
Rua Frei Luís, 100 – Centro – Cep 25689-900 – Petrópolis, RJ
Tel.: (24) 2233-9000 – E-mail: vendas@vozes.com.br